本书为国家社会科学基金项目
"西部地区农村脱贫人口可持续生计研究"(项目号:17BRK003)的最终成果

艰辛与转变

西部地区农村脱贫人口的可持续生计

Difficulties and Transformation

罗丞　李蕊　王粤　著

THE SUSTAINABLE LIVELIHOODS AMONG RURAL POPULATION
REMOVED FROM POVERTY IN WESTERN AREAS

社会科学文献出版社
SOCIAL SCIENCES ACADEMIC PRESS (CHINA)

前 言

党的十八大以来，中国特色社会主义进入新时代。以习近平同志为核心的党中央把脱贫攻坚摆到治国理政的重要位置，提升到事关全面建成小康社会、实现第一个百年奋斗目标的新高度，纳入"五位一体"总体布局和"四个全面"战略布局进行决策部署，动员全党全国全社会力量，上下同心、尽锐出战，攻克坚中之坚、解决难中之难，组织实施了人类历史上规模最大、力度最强的脱贫攻坚战。全国832个贫困县全部摘帽，12.8万个贫困村全部出列，近1亿农村贫困人口实现脱贫，提前10年实现联合国2030年可持续发展议程减贫目标，历史性地解决了绝对贫困问题，创造了人类减贫史上的奇迹。

然而，部分农村贫困人口在脱贫后并不具备较强的维持非贫困状态的能力，脱贫人口的后续生计成为日益引起关注的问题。特别是在广大西部地区，由于自然环境恶劣、地区经济发展分化、县级财力薄弱、基础设施瓶颈制约、基本公共服务供给不足、产业发展活力不强、粗放式资源开发模式难以为继、转移就业和增收难度加大以及家庭禀赋先天不足等，农村脱贫人口的脆弱性更为显著，因意外返贫的风险也更为突出。

正因为如此，尽管直接探讨脱贫人口生计问题的研究不多，但农村贫困人口脆弱性、生计资本、生计策略、生计结果、政策和制度支持等与生计相关的问题一直是学界关注的热点。稍显遗憾的是，已有研究对巩固脱贫攻坚成果和农村脱贫人口可持续生计的关注明显不够；对脆弱性、生计资本、生计策略及生计结果等核心概念缺乏基于现实背景的清晰界定；研究内容相对孤立，缺乏统一逻辑框架下的相互联系和印证，忽视了对主要核心概念之间存在的因果和动态关系的系统分析。此外，缺乏基于实证研究的促进生计可持续发展的针对性政策和制度建议。

本书在归纳已有关于农村脱贫人口生计策略及生计结果相关研究的基础上，构建了农村脱贫人口可持续生计分析框架。同时利用2018年在陕西全省进行的农村脱贫人口可持续生计调查数据，对西部地区农村脱贫人口的生计策略和生计结果现状进行了全面分析，深入研究了脆弱性环境、生计资本和政策认知对农村脱贫人口生计策略的影响以及生计策略对农村脱贫人口生计结果的影响等问题。

具体而言，全书的研究基础是对农村脱贫人口生计策略及生计结果研究进展的细致回顾，主要从两个方面展开：首先，对可持续生计分析框架进行简要的解释和说明，在此基础上探讨其与农村脱贫人口研究结合的可行性，并说明重点研究生计策略及生计结果的原因；其次，对可持续生计分析框架中各核心概念及其相关研究中有关农户生计的研究进行归纳，梳理已有脆弱性环境、生计资本和政策认知对生计策略以及生计策略对生计结果的影响研究。

基于上述文献回顾以及以脆弱性和政策认知为代表的外部环境分析，本书构建了农村脱贫人口可持续生计分析框架，并依此对研究中涉及的变量进行了设计。同时利用2018年在陕西全省进行的农村脱贫人口可持续生计调查对变量的测量项目进行了全面调查。

依据农村脱贫人口可持续生计分析框架，本书首先对农村脱贫人口的生计资本、生计策略、生计结果、脆弱性和政策认知等变量进行了描述性分析。在此基础上，本书先以生计策略（纯农型生计策略、非农型生计策略和多样化生计策略）为因变量，以生计资本（人力资本、社会资本、自然资本、物质资本和金融资本）、脆弱性为自变量，后以政策认知（补偿性政策认知、发展性政策认知）为自变量，以生计资本（人力资本、社会资本、自然资本、物质资本和金融资本）为控制变量，分别构建回归模型进行影响因素分析。接着，分别以农村脱贫人口的家庭收入、食物安全、幸福感、生产废物处理方式以及肥料和能源使用为因变量，以不同生计策略为自变量，以生计资本为控制变量，构建回归模型进行影响因素分析。最后，本书将前述研究发现落实到具体的政策建议上。根据农村脱贫人口的生计策略及生计结果的现状与显著影响因素，同时参考在调查中获得的认识和发现，提出了五个方面的政策建议。

目 录

第1章 绪论 ·········· 001
1.1 研究背景和意义 ·········· 001
1.2 研究目标 ·········· 004
1.3 研究框架与思路 ·········· 005
1.4 数据来源和研究方法 ·········· 006
1.5 研究内容 ·········· 007

第2章 国内外相关研究综述 ·········· 009
2.1 可持续生计分析框架 ·········· 009
2.2 脆弱性、生计资本和政策认知对农户生计策略的影响 ·········· 011
2.3 生计策略对农户生计结果的影响 ·········· 021
2.4 小结 ·········· 026

第3章 农村脱贫人口可持续生计分析框架 ·········· 029
3.1 农村脱贫人口可持续生计分析框架的构建 ·········· 029
3.2 变量测量 ·········· 030
3.3 调查问卷的生成 ·········· 038
3.4 小结 ·········· 040

第4章 数据与处理 ·········· 041
4.1 调查与数据 ·········· 041

4.2　主要变量的描述性统计 ··· 045
　4.3　小结 ··· 051

第 5 章　脆弱性、生计资本对农村脱贫人口生计策略的影响 ········· 053
　5.1　研究设计 ··· 053
　5.2　脱贫人口的生计策略及其影响因素描述 ································ 059
　5.3　脆弱性、生计资本对生计策略的影响 ···································· 065
　5.4　小结 ··· 081

第 6 章　政策认知对农村脱贫人口生计策略的影响 ························· 084
　6.1　研究设计 ··· 084
　6.2　脱贫人口的政策认知及生计策略描述 ···································· 093
　6.3　补偿性政策认知对生计策略的影响分析 ································ 102
　6.4　发展性政策认知对生计策略的影响分析 ································ 110
　6.5　小结 ··· 117

第 7 章　生计策略对农村脱贫人口生计结果的影响 ························· 122
　7.1　研究设计 ··· 122
　7.2　生计策略对生计结果的影响分析 ·· 131
　7.3　小结 ··· 143

第 8 章　结论与展望 ·· 147
　8.1　政策建议 ··· 147
　8.2　主要结论 ··· 151
　8.3　研究展望 ··· 157

参考文献 ··· 159

附录　可持续生计调查问卷 ··· 177

后　记 ··· 194

第1章 绪论

1.1 研究背景和意义

党的十八大以来，以习近平同志为核心的党中央把脱贫攻坚工作作为实现第一个百年奋斗目标的重点工作，将其纳入"五位一体"总体布局和"四个全面"战略布局，作出了一系列重大部署和安排。历经8年精准扶贫和5年全面脱贫攻坚，截至2020年末，脱贫攻坚取得了全面胜利，现行标准下9899万农村贫困人口全部脱贫，832个贫困县全部摘帽，12.8万个贫困村全部出列，区域性整体贫困得到解决，完成了消除绝对贫困的艰巨任务（杨煌，2021）。农村人口生产生活条件明显改善，基本公共服务水平与全国平均水平差距趋于缩小。①

然而，农村贫困人口在脱贫后并不具备较强的维持非贫困状态的能力，脱贫人口的后续生计成为日益引起关注的问题。特别是在广大西部地区，由于自然环境恶劣、地区经济发展分化、县级财力薄弱、基础设施瓶颈制约、基本公共服务供给不足、产业发展活力不强、粗放式资源开发模式难以为继、转移就业和增收难度加大以及家庭禀赋先天不足等，农村脱贫人口的脆弱性更为显著，因意外脱贫返贫的风险也更为突出（于敏，2011）。因此，深入研究西部地区农村脱贫人口的可持续生计问题不仅有助于巩固前期脱贫攻坚成果，防止贫困反弹，为欠发达地区提供一条减贫脱贫新思路，还对促进区域协调发展、实现共同富裕以及建设巩固全面小

---

① 《习近平庄严宣告：我国脱贫攻坚战取得了全面胜利》，https://baijiahao.baidu.com/s?id=1692634997668175695&wfr=spider&for=pc，2021年2月25日。

康社会有重大现实意义。

目前，直接探讨脱贫人口生计问题的研究较少，但农村贫困人口脆弱性、生计资本、生计策略、生计结果、政策和制度支持等与生计相关的问题一直是学者关注的热点。研究发现，外部冲击增加了农村贫困人口的脆弱性。自然地理环境制约、生态环境脆弱以及工矿业开发带来的环境污染是导致农村贫困的重要因素（曲玮等，2012）。国际金融危机给贫困地区农村劳动力转移带来了就业冲击，由于务工收入是贫困地区农民增收的重要来源，就业不稳定和工资收入下降增加了贫困地区农民的脱贫难度和返贫风险。此外，农村贫困人口更易受到健康冲击，医疗负担过重加剧了其生计的风险性和脆弱性。农村贫困人口的生计资本结构失衡且存量有限。农村贫困人口常常面临不平衡的生计资本结构并且这种结构极易受到自然灾害、征地等外部冲击而发生变化（周义、李梦玄，2014）。从生计资本内部看，各类资本的存量也较为有限和封闭。例如，贫困地区农村居民的社会网络资本仍然是以亲缘关系为主的传统乡村网络，关系种类单一。与此同时，资金和技术不足仍然是农户增收的主要障碍。农村贫困人口的生计策略趋于简单和保守。不同生计策略的选择取决于贫困农户所拥有的生计资本，自然资本和物质资本相对富裕的农户倾向于选择以农业专业化为主的生计策略，金融资本和社会资本相对富裕的农户倾向于选择以非农专业化为主的生计策略，物质资本、金融资本、人力资本以及社会资本相对平均的农户则倾向于兼业型生计策略（伍艳，2016）。而在进行农业生产的过程中，相对于玉米和大豆种植，农户种植水稻和小麦的行为较为稳定，不会大规模调整其种植面积或生产投入水平，贫困种植户则因为生产性资产不足而表现得更加"谨小慎微"。农村贫困人口的生计策略在一定程度上缓解了贫困、减少了环境依赖并改善了家庭膳食质量。包括劳动力外出务工在内的非农就业对缓解农村贫困具有积极作用，但对农业产出效率提高和技术进步则未表现出明显的促进作用。兼业选择则降低了农户的贫困程度，减少了农户对自然环境的依赖和对生态环境的影响。此外，尽管贫困地区农村居民家庭膳食质量状况得到了改善，但总体水平有待进一步提高（黎洁等，2009）。相关政策和制度缓解贫困的作用有限。移民搬迁降低了农户参与传统农林种植活动和家畜养殖活动的概率，对提高其外出务工收入有显著的促进作用（丁士军等，2016）。在农村缺少正规风险规避机制的情况下，在社会保障方面需要政府牵头构建农村养老保险制度和合作医疗制度从而缓解农户在生产生活中的脆弱性。然而，这两种制度的实施虽然在一定程度上减轻了农村贫困居民的经济负担，但自付费用仍然超过了大部分居民的承担能力。贫困补助、退耕还林补偿、农业补贴等惠农政策虽然直接增加了农村居民的转移性收入，但通过增加家庭经营收入进而实现增收的作用比较小（张玉梅、陈志钢，2015）。其中，收支分权程度对农村贫困的影响机制较为复杂：如果在预算内，收支分权程度的提高能够帮助改善农村贫困，但在预算外，则会进一步加剧农村贫困（储德银、赵飞，2013）。

已有研究存在的主要缺陷如下。（1）缺乏对脱贫人口可持续生计的必要关注。中国农村一直存在着进入贫困与脱离贫困并存的现象，已有研究更多关注了贫困人口的生计问题。事实上，由于近年来我国在脱贫攻坚过程中所付出的巨大努力，"脱离贫困"已经逐渐成为常态。然而，大量脱贫人口特别是西部地区脱贫人口实际上不具备稳定的发展生计能力，无法真正远离贫困。因此，这一群体的可持续生计问题应当引起足够的重视。（2）对核心概念缺乏基于现实背景的清晰界定。在与现实背景相联系时，各核心概念的操作化维度仍显零乱且不够清晰。在脆弱性方面，已有研究大多关注外部冲击造成的影响，忽视了对社会发展趋势变化的分析，如农产品市场体系不完善、价格波动加剧以及农业供给侧结构性改革等对脆弱性的影响；在生计资本方面，多集中于人力资本、社会资本和自然资本分析，较少关注物质资本和金融资本；在生计策略方面，多关注农业专业化生计策略，而对非农专业化和兼业型生计策略的关注不够；在生计结果方面，多关注生计策略对收入的影响，而其对家庭福利、食物安全、自然资源可持续利用等造成的影响则很少被涉及。（3）研究内容相对孤立。缺乏统一逻辑框架下的相互联系和印证，忽视了对脆弱性、生计资本、生计策略以及生计结果之间存在的因果和反馈关系的系统分析，对脆弱性、生计资本如何影响生计策略以及生计策略与生计结果的关系等问题缺少必要关注。（4）政策和制度研究不足。已有研究侧重于对现存个别政策和制度的评估，缺乏在实证研究的基础上，对促进脱贫人口生计可持续发展的政策和制度体系效果的较全面评价。

英国国际发展署（The United Kingdom Department for International Development，DFID）提出的可持续生计分析框架，按照"脆弱性→生计资本→生计策略→生计结果"研究链条，将脆弱性、生计资本、生计策略、生计结果四个核心概念纳入统一分析框架。此外，政策和制度环境因素对上述因果关系链条上的各个核心概念及其相互关系均产生了重要影响（Carney，1998）。该框架阐明了在正式和非正式制度背景下，具有脆弱性的个人和家庭如何通过一系列生计资本来追求不同的生计策略，进而导致不同的生计结果，并通过生计结果对生计资本的反馈影响，实现可持续生计。框架已广泛应用于相关弱势群体生计问题的研究与实践（Scoones，1998）。由于农村脱贫人口仍然具有脆弱性较大、生计资本相对匮乏、生计策略趋于简单和保守、政策和制度支持不足等弱势群体特点，因此该框架也完全适用于对其生计问题的研究与实践，以充分发挥框架本身人口学、经济学、社会学、社会心理学、公共政策学等多学科综合和交叉优势，弥补已有研究存在的缺憾，为研究提供更宽广的理论基础和丰富的方法选择与组合，为系统、全景地认识农村脱贫人口生计问题提供可能。

综上所述，本书拟根据西部地区现实背景和已有研究对可持续生计分析框架进行适当修正，按照"脆弱性→生计资本→生计策略→生计结果"这一研究主线，深入探求农村脱贫人口生计策略的形成机制及其结果，寻找降低其脆弱性、改善生计策略和提高可持续生计能力的方法、途径和政策制度措施。研究结果可以较好地弥补农村脱贫人口生计研究方面的不足，同时有助于丰富和完善可持续生计分析的相关理论和方法，因而具有重要的学术价值。

1.2 研究目标

本书基于可持续生计分析框架和西部地区现实背景，利用陕西省社会科学院农村发展研究所和西安交通大学人口与发展研究所联合开展的西部地区农村脱贫人口可持续生计调查数据，构建农村脱贫人口可持续生计分析框架，描述其脆弱性、生计资本、政策认知、生计策略和生计结果现状。在此基础上，对生计策略的内、外部影响因素以及生计策略对生计结果的影响进行深入分析，寻找降低农村脱贫人口脆弱性、改善其生计策略和提高其可持续生计能力的方法、途径和政策制度措施。具体研究目标如下。

第一，构建农村脱贫人口可持续生计分析框架。本书将基于可持续生计分析框架和西部地区现实背景，采用文献研究的方法，对农村脱贫人口生计策略的形成机制及其结果和相关影响因素进行归纳梳理，建立分析框架。

第二，脆弱性、生计资本对农村脱贫人口生计策略的影响分析。本书将描述比较农村贫困人口与脱贫人口的脆弱性环境、生计资本和生计策略现状与差异，在此基础上，深入分析脆弱性环境、生计资本对农村脱贫人口生计策略的影响，以发现其中的主要影响因素。

第三，政策认知对农村脱贫人口生计策略的影响分析。本书将描述比较农村贫困人口与脱贫人口的政策认知现状与差异，在此基础上，深入分析农村脱贫人口政策认知对其生计策略的影响，以发现其中的主要影响因素。

第四，生计策略对农村脱贫人口生计结果的影响分析。本书将描述比较农村贫困人口与脱贫人口生计结果现状与差异，在此基础上，深入分析农村脱贫人口生计策略对其生计结果的影响，以发现其中的主要影响因素。

第五，提出增强农村脱贫人口可持续生计能力的措施建议。本书将根据研究发现，提出降低农村脱贫人口脆弱性、改善其生计策略和提高其可持续生计能力的针对性建议。

1.3 研究框架与思路

基于上述研究目标，本书的研究框架如图 1-1 所示。研究的主要思路是在回顾并简要评述农户生计策略的形成及其对生计结果的影响的研究与进展之后，基于可持续生计分析框架，构建出农村脱贫人口可持续生计分析框架。同时，根据分析框架的结构和对相关变量的测量形成用于收集数据的调查问卷。在此基础上，利用问卷进行大规模调查以收集研究所需的数据。完成上述工作后，本书将依据分析框架，比较贫困农户与脱贫农户在脆弱性环境、生计资本、政策认知、生计策略以及生计结果方面的差异，深入探讨研究脱贫农户的生计策略和生计结果的影响因素。最后，基于研究发现，针对性地提出降低农村脱贫人口脆弱性、改善其生计策略和提高其可持续生计能力的措施建议。

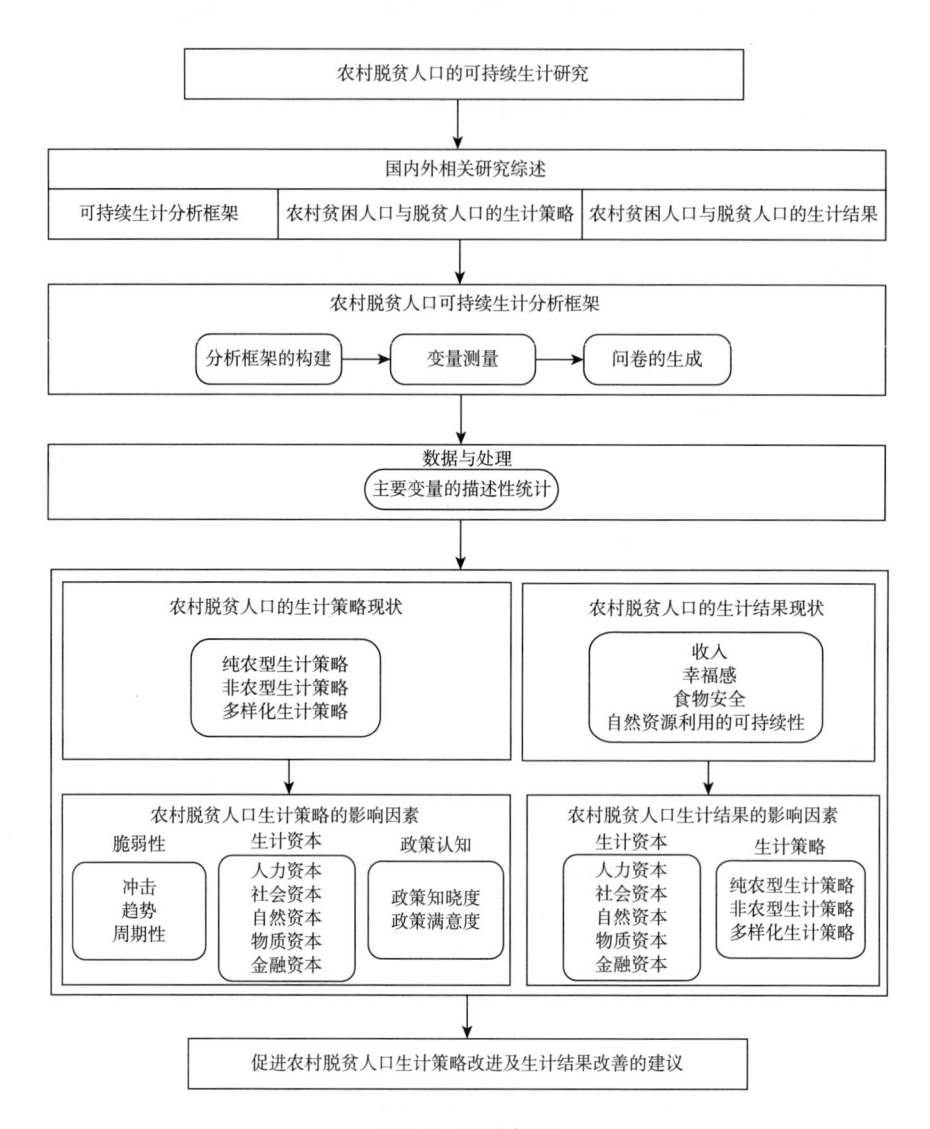

图 1-1　研究框架

1.4　数据来源和研究方法

1.4.1　数据来源

本书所使用的数据主要来源于以下两个渠道。

(1) 2018 年 7~8 月，由课题负责人带队，西安交通大学部分研究生和基层扶贫工作人员、大学生村官在陕西南部、北部和关中分别选取了汉中、安康、商洛、榆林、延安、宝鸡、咸阳、渭南和杨凌 9 个地区进行"西部地区农村脱贫人口可持续生计调查"所获得的 859 份有效问卷。

(2) 通过中国学术期刊网络出版总库、中国博士学位论文全文数据库、Google 学术等网络数据库及西安交通大学图书馆等途径获取的资料。

1.4.2 研究方法

在进行文献综述时，本书主要采用文献检索和文献研究的方法。在构建分析框架时，主要采用文献研究的方法。在调查数据收集和处理时，主要采用问卷法和统计分析方法，如 EpiData、描述性统计等。在进行影响因素研究时，主要采用交叉表分析和独立样本 T 检验、多分类 Logistic 回归、普通最小二乘法（OLS）回归等方法。在建议和总结时，主要采用归纳分析的方法。研究时主要根据具体需要选用上述方法，各种方法的应用过程和细节详见相应章节。

1.5 研究内容

本书共分八章，其中第 5 章至第 7 章（脆弱性、生计资本对农村脱贫人口生计策略的影响，政策认知对农村脱贫人口生计策略的影响，生计策略对农村脱贫人口生计结果的影响）构成了本书的核心内容。

第 1 章，绪论。对全书研究进行整体设计。首先介绍了研究的背景和意义，明确了研究的目标。在此基础上，对研究的思路、方法、数据来源和主要内容做详细描述。

第 2 章，国内外相关研究回顾和评述。首先对可持续生计分析框架进行解释，说明本书的研究重点，即脱贫农户生计策略与生计结果的影响因素分析。然后从脆弱性、生计资本、政策认知等方面对农户生计策略和生计结果分别进行文献回顾。在此基础上，对相关研究的成果和不足进行简要评述，并提出本书的研究策略。

第 3 章，农村脱贫人口可持续生计分析框架构建。首先，基于第 2 章的文献回顾，结合政策制度与生计策略之间关系和社会认知理论的研究，提出用于分析农村脱贫人口生计策略形成及其结果的框架。在此基础上，对框架中涉及的主要变量的测量内容、测量形式及测量尺度进行介绍。最后，形成用于获取数据的调查问卷。

第4章，数据与处理。首先介绍利用问卷获取调查数据的过程，包括对调查地点选择、抽样方法、数据收集过程和数据概况等的介绍。其次是对模型中的主要变量进行描述性统计。

第5章，脆弱性、生计资本对农村脱贫人口生计策略的影响。首先，基于与贫困农户的比较，分析脱贫农户的脆弱性环境、生计资本、生计策略特征。在此基础上，以纯农型、非农型和多样化生计策略为因变量，分别构建回归模型分析脆弱性环境和生计资本对脱贫农户生计策略的影响。

第6章，政策认知对农村脱贫人口生计策略的影响。首先，基于与贫困农户的比较，分析脱贫农户的政策认知、生计资本和生计策略现状。在此基础上，以纯农型、非农型和多样化生计策略为因变量，分别构建回归模型分析补偿性政策认知和发展性政策认知对脱贫农户生计策略的影响。

第7章，生计策略对农村脱贫人口生计结果的影响。首先，基于与贫困农户的比较，分析脱贫农户生计策略与生计结果的特征。在此基础上，以家庭收入、幸福感、食物安全状况、生产废物处理方式、肥料和能源使用为因变量，分别构建回归模型分析不同类型生计策略对脱贫农户生计结果的影响。

第8章，结论与展望。首先，根据研究发现，对降低农村脱贫人口脆弱性、改善其生计策略和提高其可持续生计能力提出一些针对性的措施建议。其次，对全书的主要工作和研究结论进行全面总结。最后，对下一步的研究进行展望。

第 2 章 国内外相关研究综述

农村贫困人口在脱贫后并不具备较强的维持非贫困状态的能力，特别是在广大西部地区，脱贫人口的脆弱性更为显著，因意外返贫的风险也更为突出。与此相对照，有关农村贫困人口脆弱性、生计资本、生计策略、生计结果、政策和制度支持等与生计相关的问题一直是学界关注的热点，而直接探讨脱贫人口生计问题的研究则较少，缺乏对脱贫人口可持续生计的必要关注，在系统性和逻辑性上也有所欠缺。有鉴于此，本章首先详细介绍了可持续生计分析框架及其应用于农村脱贫人口生计研究的可行性；接着对可持续生计分析框架中各核心概念以及核心概念有关农户生计方面的研究进行归纳，梳理已有的脆弱性环境、生计资本和政策认知对生计策略以及生计策略对生计结果的影响研究；最后对已有的研究成果和不足进行简要的总结评述，并提出本书的研究策略。

2.1 可持续生计分析框架

在国内外关于贫困、农村地区和社区发展的研究中，普遍存在对生计概念的解释。其概念内涵及扩展范围会因研究目标、所处语境和主体范围的不同而存在差别，对生计常见的解释是"一种生活的手段或方式"，包括生活方式所需的能力、资产和活动（Carney，1998）。生计系统是由多样性的经济、社会和物质策略构建的，个体通过财产、权利以及谋生行为来实现生计策略，个体进行选择、利用机会和资源，同时又不妨碍他人目前或将来的谋生机会，从而获得稳定的生计（辛格等，2000）。基于阿玛蒂亚·森的能力贫困理论，英国国际发展署（DFID）构建的可持续分析框架阐明了在脆弱性环境的影响下，个人和家庭如何通过获取需要的生计资本，在主流的社会、制度环境中谋求多样化的生计策略，最终影响不同生计结果的产出，进而通过生计结果对生计资本的反馈影响实现可持续生计的过程。

可持续生计分析框架认为，构成可持续生计的各个要素是相互作用、相互影响的。在冲击、趋势和周期性等要素构成的脆弱性环境下，农户会基于其所拥有的五大核心生计资本，对其生计资本进行组合利用，采用不同类型的生计策略，从而获得不同的生计结果（如生活水平是否提高、脆弱性是否降低、食物安全性是否提高、资源是否得到合理利用等）。而生计结果同样会影响生计资本，影响农户家庭资产的数量和质量，从而影响下一轮的生计过程（见图2-1）。

可持续生计分析框架系统阐述了"生计"概念的本质，总结了影响农户生计过程，特别是贫困问题的核心要素，展现了农户生计过程中各要素间相互作用的关系，指出了消除贫困的潜在机会，是对贫困农户等弱势群体生计研究的主要范式，也是对贫困问题和农户生计问题的内外部复杂因素进行研究的主要方法（Baumgartner，2009）。目前，学者们运用可持续生计分析框架对贫困人口、贫困农户、农民工等群体的生计问题进行了广泛的研究，内容涵盖农户收入多样化、生计策略多样化、农户生计与扶贫、土地利用与农户生计、生计与生态等多个方面（Simtowe，2010；Ellis and Bahiigwa，2003；Singh and Hiremath，2010；Cherni and Hill，2009）。农村脱贫人口可能并不具备较强的维持非贫困状态的能力，具有脆弱性较大、生计资本相对匮乏、生计策略趋于简单和保守、政策和制度支持不足等弱势群体特点，后续生计的持续性问题仍然是其需要面对的首要发展问题。因此，可持续生计分析框架依然适用于对农村脱贫人口生计的相关分析。

需要强调的是，在可持续生计分析框架中，脆弱性以及结构和过程转变是影响生计分析的外部环境，它们通过与生计资本和生计策略的相互作用来影响生计结果的实现，而生计资本、生计策略、生计结果则直接构成了生计分析的主体要素，直接显现了农户利用生计资本和生计策略追求某种生计结果的过程。因此，生计策略作为外部环境、生计资本等因素投入后的转换阶段，在接下来的研究中将被重点关注。同样，生计结果作为生计策略的产出和结果，在实现可持续生计的过程中扮演着承上启下的关键角色。它不仅是上一轮生计活动的考核依据，还影响下一轮生计活动的投入量，即生计资本。所以，生计结果是本书的另一个研究重点。

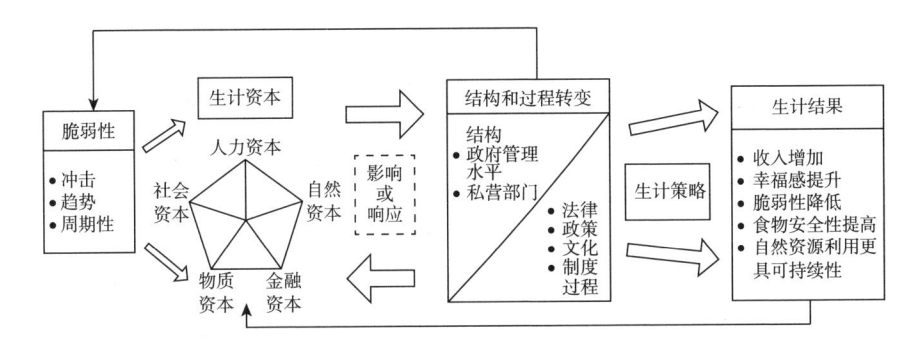

图 2-1　可持续生计分析框架

2.2　脆弱性、生计资本和政策认知对农户生计策略的影响

2.2.1　脆弱性

脆弱性是可持续生计分析框架中农户无法控制的部分，构成了生计的外部环境之一。本书研究的脆弱性主要是指影响生计的脆弱性环境，它包括外部冲击、趋势及周期性影响三个方面。导致农户生计脆弱性的外部冲击通常包括自然灾害、环境变化、经济改革、政策发展、疾病、失业、突发事故等（刘金新，2018）；趋势是指政策与经济发展趋势，包括气候变化、经济趋势、人口趋势以及国家政策等；周期性影响则主要指农产品市场价格变化和劳动力市场的周期波动会对农户从事农业生产或外出务工产生影响。

对特定群体的脆弱性进行分析不仅包括对该群体所面对的特定的生计风险威胁的探讨，还包括对该群体面对灾害时的抵御生计风险能力及适应性的分析（刘思琦，2016）。当前，国内学者主要利用国外脆弱性贫困测度方法，对我国农村脆弱性贫困的原因进行了一些实证研究。研究大多以贫困农户为研究对象，从脆弱性内容出发，通过对农户遭受的生计风险及风险导致的后果进行测度，以实证的方法分析脆弱性环境与贫困的关系，并提出能够帮助农户应对脆弱性风险的措施，以期降低其脆弱性。虽然脱贫农户已经摆脱了贫困，拥有了基本的生活保障，但与非贫困农户相比，脱贫农户具有一定程度的生计脆弱性（夏诗涵、王建洪，2020）。灾害、意外、疾病等脆弱性环境冲击是导致农村居民返贫和脱贫困难的根源性因素（刘雨露、郑涛，2019），能力匮乏、权利缺失导致的农户贫困脆弱性也不容忽视（高帅等，2020）。总体而言，学者们对于农户脆弱性环境的探究大多集中于某一区域贫困农户所遭遇的外部冲击及其产生的影响，从趋势和周期性角度分析贫困农户脆弱性的研究较少。

在外部冲击方面，不同学者从农户的外部冲击出发，讨论了不同情况下农户脆弱性的原因和后果。农户生活中的冲击性事件包括建造或购买房屋、举行婚礼和葬礼、担负子女上大学（大中专）支出、治疗严重疾病、遭遇旱灾和地方病等，这些事件致使农户的临时性消费发生巨大改变，从而增加农民陷入贫困的概率，即增加农民的脆弱性（Asefi-Najafabady et al.，2018）。由于我国大部分贫困农户都位于生态脆弱地区，遭受自然灾害冲击的概率高，在遭遇自然灾害冲击时，他们往往会采取减少各种支出特别是生产性支出来降低自然灾害的不利影响。赵雪雁等（2016）基于可持续生计分析框架，从暴露程度、敏感性与适应性出发，分析生态退化对农户生计产生的影响，结果表明生态退化会加深生计脆弱性程度。杨浩等（2016）以消费水平测量农户脆弱性，分析气象灾害对农户脆弱性的影响以及影响机制，结果表明气象灾害对农户的消费呈现负向影响，且主要影响了农户的生产性消费。

在趋势方面，学者们主要从宏观层面分析了气候变化、经济趋势、人口趋势以及国家政策对特定群体脆弱性的影响。气候变化会给农业和水产养殖业造成难以估量的损失，气候的变化会影响到水土资源，进而导致粮食减产和农户收入的降低，因此解决好气候变化情境下农民生计的可持续性问题，是我国目前面临的主要问题（张钦等，2016）。从经济转型角度进行的研究得出中国经济逐步转型确保了农村居民的脆弱性水平进一步降低，但脆弱性水平仍然较高的结论（叶初升等，2014）。政策性的丧失土地直接改变了农户自给自足的生产和生活方式,从粮食销售方到购买方的转变加剧了失地农民在转型期的脆弱性(王玥琳、施国庆,2020)。在人口趋势及移民政策方面,多数移民在搬迁后,自身或家庭及其后代拥有谋生、巩固资产和提高收入的本领,能够确保生活不低于搬迁前水平且达到当地平均水平。与此同时,主观幸福感不断增强,生活满意度高,说明移民搬迁总体上是成功的(孙海兵,2015)。在性别差异方面,Baffoe 和 Matsuda(2018)发现男性户主家庭较女性户主家庭更易受到脆弱性环境的影响,主张将性别平等纳入农村发展和生计策略。而对民族地区的脱贫农户来说,国家提出的产业扶贫政策显著降低了脱贫农户生计脆弱性(李玉山、陆远权,2020)。

在周期性影响方面,学者们分析了农产品市场、劳动力市场的周期性变化对于农户或农业人口脆弱性的影响。Cernea(2017)基于失地农民的可持续生计,研究了诸如失业、食物短缺、身患疾病以及公共服务欠缺等要素的影响,这些要素可能会因土地流转而产生新的贫困,形成威胁农民的生计风险。由于农产品生长周期长、生产季节性强,农产品价格受市场周期性影响波动较大,随着农产品贸易逐渐打破原有的壁垒,统一的国家市场、国际市场日渐形成,脆弱的西部地区农户面临日益迅猛的风险冲击(王国敏等,2017)。此外,由于农村外出务工人员的低技能特点,在经济周期性波动、宏观经济低迷和就业机会不充裕时,劳动力市场的影响会导致他们丢失非农工作,这部分收入的减少会增加农户陷入贫困的概率(Arunachalam and Shenoy,2017)。

2.2.2 生计资本

生计资本即农户所拥有的不同资产种类,是可持续生计分析框架最核心的部分,是个人及家庭机会选择、策略采用的基本要素,不仅会影响农户的家庭福利,也会影响农户能否摆脱贫困(李琳一、李小云,2007)。可持续生计框架确立了五种生计资本,分别是人力资本、自然资本、金融资本、物质资本、社会资本。人力资本代表人们所拥有的技能、知识、劳动能力和健康状况等,取决于劳动力数量和质量(罗丞、王粤,2020)。因此,增加获得高质量教育、信息、技术及培训的机会,以及改善营养和健康状况是提高人力资本的重要手段。自然资本是指从自然资源中获得用于生计的资源和服务，对于那些从以资源为基础的活动（农业、渔业、林业、矿物开采等）中获得全部或部分生计的人来说非常重要（DFID，2000）。金融资本是人们用来实现生计目标的金融资源，它主要包括储蓄和定期流入的资金两个方面（刘文君，2010）。物质资本是指人们维持生计所需的基础设施以及生产性工具和设备。社会资本是指人们所需的社会资源，是家庭生计维持系统中重要的资本类型（胡原、曾维忠，2019）。从上述五项生计资本来看，自然资本是贫困农户获得家庭收入的主要基础资本，物质资本是稳定家庭生产生活的重要保证，社会资本和人力资本是贫困农户实现可持续收入增长的主要手段，金融资本是体现贫困农户经济实力的重要一环（高功敬，2016）。

生计资本作为可持续生计分析框架的核心概念之一是研究的重点。对于生计资本指标的选择，学者们有不同的测算方法进行测量。在人力资本方面，学者们多选择家庭成员受教育程度、家庭成员身体健康状况和家庭劳动力数量进行测量。他们将家庭成员受教育程度分为文盲（不识字）、小学、初中、高中（中专）与本科（专科）及以上五类（向楠等，2015）；将家庭成员身体健康状况设为分类变量如良好、欠佳和失去劳动能力或者二分类变量（伍艳，2020）；家庭劳动力数量则主要指农户家庭可用劳动力数量（李聪等，2013）。根据调查区域的土地资源种类，学者们大多将自然资本划分为耕地、林地、草地等，并以面积及土地质量为测量指标（乌云花等，2017；翟彬、梁流涛，2015）。金融资本中的家庭年收入为连续变量，信贷或补贴机会多被设为二分类变量。物质资本中的房屋结构、房屋数量及生产性工具多被设为连续变量（彭继权等，2018）。社会资本中的家庭成员中是否有村干部和是否加入过专业合作组织多被设为二分类变量。一般而言，家庭劳动力的数量、家庭成员受教育程度和健康状况等是农户谋求发展最基础的要素；银行存款以及从正规和非正规渠道获得补助、救助的机会则成为家庭生计第二位的基础要素（赵文娟等，2016）。

生计资本的存量会受到不同因素的影响。不同收入水平的农户拥有不同资本存量，胡业翠等（2016）基于对广西金桥村的实地调查，利用可持续生计分析框架对生态移民区不同类别农户的生计资本进行研究，发现农户的各种生计资本严重不平衡。李聪等（2014）利用陕南山区农户调查数据，分析移民搬迁工程对农户生计资本的影响，发现搬迁户和非搬迁户的生计资本拥有量不同。生态移民、移民搬迁等移民政策的实施使得迁徙者的自然资本受损，但与非移民相比，迁徙者的物质资本、金融资本、社会资本、人力资本水平往往会得到提升。外部环境的冲击，如农户土地的转出，会使农户的生计资本发生变化。研究发现，农地转出农户的物质资本、金融资本和人力资本禀赋总体上高于非转出农户，但自然资本、社会资本禀赋却低于非转出农户（赵立娟等，2019）。而对于脱贫农户来说，尽管生计资本存量增加，但是结构较不均衡，比如人力资本往往投入不够，而自然资本及物质资本水平会有所提升，同时政府的投入也会使脱贫农户的社会资本进一步优化（夏诗涵、王建洪，2020）。

2.2.3 政策和政策认知

可持续生计分析框架中的结构和过程转变是指形成和改变生计的各类结构和过程，它们通常在家庭、国际领域和全球等各个层面发挥作用。结构是可持续生计分析框架的"硬件"，各类结构（无论是私人的还是公共的）都是设立和实施政策与立法，投送服务、购买与贸易以及执行影响生计的各类其他功能的组织。过程是可持续生计分析框架的"软件"，它决定各类结构运行和相互影响的方式，政策、法律、制度、文化和影响力关系是对生计而言比较重要的过程。其中，政策作为国家与政府调节贫困的手段之一，会作用于农户生计的整个过程，对农户可持续生计产生直接和间接影响，是与生计相关的最为常见和显见的过程（高华云等，2013）。

在政策执行过程中，政策目标群体对政策的看法会对公共政策能否成功实施产生深远影响。除了政策制定者和实施者外，政策目标群体的想法和态度也是影响公共政策能否产生有效作用的重要因素之一。农村居民对政策的了解和信任程度可以被看作政策效果的反映（邓大松、李玉娇，2014）。任何政策都存在被接受的过程，在政策制定者和实施者眼中，政策能够产生的长短期效果以及可以明确的最优选择是其关注的重点；在政策具体的执行者眼中，通过良好的宣传手段使政策目标群体能够更好地理解公共政策是其工作的重点（王鹏远，2011）。经过政策宣传活动，政策目标群体会对政策有所了解，并出于自己的利益而对政策产生不一样的看法，这些看法最终将以政策认同的形式体现（王国红，2007）。作为农村最基本的行为决策主体与经济活动单元，农户实际上是农村贫困的最终承受方（宁泽逵，2017）。为了促进农村发展，帮助农村贫困农户脱贫致富、发展生计，国家出台了一系列公共政策以保障农户生计，维护农村弱势群体的合法权益。这些公共政策涵盖了诸如教育、医疗、生活保障、养老保险、环保、土地征收以及城镇化等诸多领域。然而，假若外界环境的变化尤其是一系列关乎农户切身利益的农村公共政策的改善与农户的社会认知和感知缺乏同步性，就会造成政府供给与农户需求脱节的问题（王兰鹏，2012）。要想更深刻地理解政策制度产生、运行的特征及其对经济政治结果的影响，应该从分析政策作用个体的认知过程入手（North，2005）。

认知（Cognition）是指人们认识活动的过程。政策认知是人们对于政策的认识和理解，是政策目标群体对政策和政策过程的认识和评价。政策认知的过程是政策目标群体对政策本身、政策制定主体和政策执行主体的主动融入与认同，是各因素相互作用的心理过程。政策认知的过程可以分为政策知觉、政策印象和政策认知判断三个阶段。良好的政策认知是人们有效评价政策、参与政策过程的基础（张国庆，1997）。根据传播学理论，政策目标群体对政策的认知程度可以根据政策的传播效果分为由浅入深的三个发展阶段：政策目标群体对于政策的浅层感知是政策"知晓度"，中层认知是思维和情感上的"理解度""赞同度"，深层认知则是政策目标群体自身意志上对于政策价值的"支持度""信奉度"（郭庆光，2011）。因此，政策目标群体对政策的认知程度不仅包括其对政策的了解程度，还应包括其对政策的认同度以及在政策参与过程中对政策实施效果的满意度（吴比等，2016）。除了知晓度外，政策目标群体对政策的满意度是评价农村政策实施效果的重要维度（Campbell et al.，1976）。

已有研究从知晓度与满意度层面对农户进行了惠农相关政策认知的研究，分析了农户对于基本政策制度的认知现状及其影响因素，涉及教育政策、社会保障政策、土地政策、扶贫政策等一系列方针政策。研究表明，农户对于扶贫及惠农相关政策的认知水平相对较低，主动参与政策执行过程的动力不足，影响了农户对国家惠农政策的信任（谢来位，2010）。此外，农户较低的政策认知水平影响了政策实施的过程及效果。在教育政策方面，有学者对"两免一补"等农村义务教育政策的农户认知状况进行了调查研究，发现能力、态度和认知途径等都会影响农户对义务教育政策的认知水平（李普亮、朱永德，2007）。在医疗与社保政策方面，有学者对农村医疗保险制度使村民受益程度以及农户对该制度的感知和认知情况进行了分析研究。结果表明，从新型农村合作医疗补偿政策中受益的农户对于该政策的认知水平要高于其他农户（易红梅等，2011）。在土地政策方面，学者们较多关注农户对于农地产权制度的认知。有学者分析了农户对现有土地产权制度的认知情况，并探讨了影响农户认知程度的因素，发现农户对土地产权制度的认知水平普遍较低，而农户的认知水平在很多方面影响着土地制度的改革。若农户的认知与农地制度改革不相符，则会大大增加改革所需成本，也会相应地拖慢农地改革的进度（徐美银、钱忠好，2009）。农户的满意度是衡量土地政策实施效果的重要指标，农户对政策的知晓度和参与度以及农户家庭因素等是影响农户满意度的重要因素（高名姿等，2017）。农户的政策参与有利于土地政策的实施，也有利于提高农户对"三农"政策的满意度（吴比等，2016；徐汉明、刘春伟，2012）。在退耕还林（草）政策方面，研究表明，农户对于该政策是否持积极态度取决于农户从该政策中可获得的个人收益，农户年龄、受教育水平、家庭劳动力数量等人口学因素以及农户耕地面积、退耕面积、经济收入水平等经济因素是影响农户对退耕政策认知和态度的显著因素（杨维鸽等，2010）。在扶贫政策方面，有学者从农村贫困群体对扶贫政策认知的角度，分析了贫困人口对扶贫政策的满意度。研究表明，扶贫政策宣传不到位、扶贫中的不公平现象以及返贫现象的大量存在导致扶贫满意度较低，扶贫政策帮助贫困群体实现脱贫的效果还有待提升（肖云、严茉，2012）。

2.2.4 生计策略

农户基于自身资源禀赋而选择从事的生计活动就是农户生计策略（王娟等，2014）。生计策略是农户为了谋求积极的生计结果、实现其生计目标，而对其所拥有的生计资本进行配置和使用的方式（DFID，2011）。生计策略体现了农户生计活动中的主体性、动态性、整体性与多样性，反映了农户积极主动的谋略筹划、自主选择与执行实施的过程，体现着农户的可行能力或可行选择（高功敬，2016）。贫困农户的生计策略不仅决定了农户的生产和消费行为，还决定了农户的家庭收入来源（唐轲等，2013）。根据显示性偏好理论，农户会基于最大化效用而追求最优的生计策略，因此研究生计策略的类型对于了解不同类型农户的生计状况具有重要意义。

生计策略有狭义和广义之分，狭义的生计策略多指农户所从事的生产活动，而广义的生计策略不仅包括生产活动，还包括投资策略、消费模式以及劳动时间安排等多个维度（何仁伟，2013）。目前，大多数对于生计策略的研究主要针对狭义的农户经济活动展开，如农户生计行为的影响因素研究、生计活动多样化等（陈卓，2015）。研究者根据研究背景对生计策略进行了不同的划分，划分依据主要集中于收入来源和生产要素的分配方式等方面。

具体而言，对于生计策略类型的划分主要有以下几类。一是根据农户家庭对生计资本的利用状况来进行划分，将生计策略划分为资源导向型、资本导向型和劳动力导向型生计策略（万婷等，2016），以及以自然资源为基础的生计策略和以非自然资源为基础的生计策略等类型（Ellis，2000）。二是根据农户家庭生计结果即收入来源划分，如将生计策略划分为农业收入为主型、非农收入为主型和混合收入型（苏芳等，2009）。此外，国内外大多数研究者会根据家庭生产经营的产业类别及特点进行划分，将生计策略划分为纯农型、非农型和兼业型生计策略。也有研究者直接以生计活动类型作为生计策略类型，将生计策略划分为农林种植、家畜养殖、外出务工和非农自营四类（朱建军等，2016）。有学者出于研究和制定政策的需要，提出了扩张、集约化、生计策略多样化以及迁移四种农户生计策略类型（Scoones，1998），或从农业生产的视角，将生计策略划分为集约生产型、粗放生产型以及农业多样化和非农多样化等（梁义成等，2011）。还有学者依据农户生计发展趋势将生计策略细化为非农专业化发展型、非农多样化发展型、兼业化发展型、农业多样化发展型和农业专业化发展型五类（王利平等，2012）。

随着城乡人口流动和新型城镇化的不断深入，生计多样化成为农户生计策略选择的一个重要趋势。生计多样化，是农户为了维持生计并提高生活水平而追求多样化生计活动组合的过程（Ellis，2000）。生计活动在不同的资产状况下会呈现多样性的特征，多样的生计活动组成了不同的生计策略。生计多样化是农户在多样化的社会内外部环境变化下做出决策的反映，是农户自我发展的重要手段，也是农户生计能力提高的结果（李翠珍等，2012；Chambers and Conway，1992）。研究表明，农村家庭通常不会只专注于牲畜养殖、作物种植或水产养殖中的某一类活动来获取收入，相反，大多数农村居民都会通过涉足一系列生产领域来使他们的生产活动多样化（Ellis，1998）。因此，多样化策略是实现可持续生计的重要手段。在实际研究中，有学者从生计活动的角度对农户的生计策略多样化进行了界定，认为农户生计策略多样化是指农户从事的生计活动类型的多样化，既包括农业经营活动多样化，也包括非农活动的多样化（Cramb et al.，2004）。

2.2.5 脆弱性、生计资本、政策认知对生计策略的影响

脆弱性会影响生计策略的选择。农户长期生活在各种脆弱性环境中，家庭事件中农民回乡建房导致生活费用、债务额等增加，家庭经济自由支配的权利有所下降，抑制了农户生计策略选择的多样性（杨国永、张莉莉，2019）。子女上大学致使家庭存款降低，显著提高了家庭陷入贫困的概率，致使农户选择保守的生计策略（张永丽、刘卫兵，2017）。政策影响中退耕还林政策增强了农户面临的不确定性：一方面，生计资本的调整限制了农户生计策略的选择范围；另一方面，不利于农户生计策略的可持续性（韦惠兰、白雪，2019）。自然灾害的频发致使农户农产品减收，其致贫效应强于市场带来的脆弱性，会影响农户生计策略的选择（颜廷武等，2017）。

生计资本作为可持续生计分析框架的主要环节，会对农户的生计策略产生重要影响。郭秀丽等（2017）利用内蒙古自治区杭锦旗农户的调研数据，分析了典型沙漠化地区农户生计资本对生计策略的影响。研究表明，农户生计策略转变受到生计资本的影响，生计资本存量不足会对生计策略的转变产生不利影响，而生计策略转变又与生态环境治理有较大联系。韦惠兰、祁应军（2016）对沙化土地封禁保护区外围农户的生计现状进行描

述，揭示了农户生计资本与生计策略的关系。研究发现，自然资本、人力资本和物质资本对农户生计策略选择具有重要影响，自然资本和物质资本丰富的农户倾向于进行农业生产，而人力资本富裕的农户则倾向于进行非农生产。类似的研究也发现，金融资本、社会资本以及人力资本是农户生计策略由纯农型向兼业型转化的关键因子（张萍、沈晓婷，2015）。李慧玲等（2017）基于对新疆维吾尔自治区玛纳斯县和阿瓦提县 273 户棉农数据的实证分析发现，物质资本和自然资本存量较充裕的棉农会选择多样化的生计策略。在市场经济快速发展的背景下，棉农摆脱了以往的陈旧观念，开始重视自身的个体价值和利益，棉农间的交流日益减少，使得社会资本不断流失。

目前，国内研究大多从政策角度出发，在宏观层面探讨政策与农户生计策略和生计结果之间的关系，从微观层面的农户个体角度探讨贫困农户、脱贫农户获取政策信息的能力及其对政策的认知以及认知对生计行为的影响的研究较少。已有大量研究从惠农政策、生态保护政策、移民政策、土地政策以及医疗保险政策等角度分析了不同政策对农户生产和生活的影响。惠农政策中的一次性补偿或补贴类政策对贫困农户家庭经营收入的影响较为显著，政府转移性收入有利于帮助贫困农户增加其生产资本的积累（张玉梅、陈志钢，2015）。补偿性政策会对农业劳动产生正向影响，而对农户从事非农劳动产生负向影响（Ahearn et al.，2006）。部分学者通过研究发现，补贴政策可以通过多种途径促进农户提高农业生产投入水平，与生产相联系的直接补贴政策在不确定性环境中也能改变生产者的生产决策（Hennessy，1998）。我国现行的补偿政策对接受补偿者给钱、予物，提供实物、资金、智力与政策等方面的支持，这会对贫困农户的生计策略产生影响，选择农业生计策略的农村居民对物质和技术方面的支持更加青睐，而选择非农生计策略的农村居民更重视相关的资金与政策扶持（阎建忠等，2009）。有学者研究指出，移民搬迁等政策有利于农户优化生计结构，促进其他生计模式向非农转型（李聪等，2013）。随着我国农产品贸易自由化政策的推行，贸易自由化会使贫困农户农业生产收入增长及其稳定性受到冲击，贫困农户收入将更加依赖于非农就业，但贸易自由化并未为贫困人口创造更多的就业机会，在没有特殊政策的情况下，贫困农户面临着较大的就业压力（毛学峰、刘晓昀，2005）。

已有研究虽然较少关注贫困农户对于政策的认知以及认知对其生计行为的影响，但有部分研究表明不同行为主体的政策认知水平及政策信息获取能力会对其参与社会活动的行为方式产生影响。有学者分析了农户、农民工等群体的政策认知对其经济行为、社会参与行为以及政治参与行为的影响。在政策认知对农户经济行为的影响方面，研究表明，制度信任、政策认知会对农户医疗保险缴费档次的选择产生正向影响（邓大松、李玉娇，2014）。根据信息传播学中的"知沟效应"，收入低、受教育程度低、社会经济地位较低的农户接受政策信息的能力要弱于社会经济地位相对较高的农户，从而使他们在新农保政策参与行为中较多地选择低缴费档次进行缴费（邓道才、蒋智陶，2014）。农民工是否选择参加城市医疗保险在一定程度上受到其对保险政策的认知和态度的影响，政策宣传力度不够、政策执行不透明、政策的不稳定性等因素都在一定程度上影响了其主观认知态度作用于政策行为选择的过程（潘泽泉、杨莉瑰，2010）。人们对于健康政策的认知程度也会对其就医行为产生影响（Zhang et al., 2015）。农户对于教育政策的认知程度会对农户的教育支出意愿产生正向影响（李普亮、贾卫丽，2010）。此外，农户对于农地产权的认知会对农户土地流转的签约行为产生影响（刘一明等，2013）。对于农地产权及农地流转政策认知的局限性会抑制农户转入农地的行为（刘承芳等，2017）。在政策认知对农户社会参与行为的影响方面，研究表明，农民对于生态恢复及补偿政策的认知会提升农民生态治理的参与意愿，对农民生态治理的参与行为有促进作用（史恒通等，2017）。在政策认知对农户政治参与行为的影响方面，有学者研究发现，农户的政治认知会对其选举参与行为有显著的促进作用，而在政治参与过程中的满意度、受益度和意愿等个体心理态度变量，有可能在认知对行为的预测关系中具有调节作用（刘振滨等，2017；郑建君，2014）。

2.3 生计策略对农户生计结果的影响

2.3.1 生计结果

生计结果是指基于脆弱性环境、生计资本、结构和过程转变以及生策略等综合影响，进行生计活动后所创造的生计输出，是生计目标的实现（潘云新等，2012）。生计结果能够具体表现为生计资产的积累、家庭收入以及未来生计发展潜力与可持续发展保障（左冰、陈威博，2016）。在DFID可持续生计分析框架中，生计结果主要体现在收入增加、幸福感提升、脆弱性降低、食物安全性提高、自然资源利用更具可持续性这五个方面（DFID，2000）。其中，收入增加是人类不断追求的目标之一，是生计经济可持续的重要条件。收入增加包含净收益和金钱数量更多两个方面。幸福感提升主要是指非物质性感受和状态的提升。幸福感的影响因素包括自尊、控制和包容感、家庭成员的人身安全、健康状况以及服务的获得等多个方面。脆弱性降低能够增加全部生计的社会可持续性，因而有时降低脆弱性远比使生计结果最大化更值得优先考虑。脆弱性降低包含外部冲击、社会主要发展趋势以及各种周期性因素影响的减少三个方面。食物是人类存活的基础，只有以安全的食物为保障，才有考虑可持续生计的可能。食物安全性包含食物数量和食物营养两个方面。自然资源可持续利用是人类世代延续的基本条件，包含土地、森林、海洋/野生资源、水以及空气质量可持续利用等（罗丞、王粤，2020；DFID，1999）。

随着研究方向的不断拓展以及研究视角的异质性，生计结果的表现更加丰富。其中，娱乐丰富度提高、自我价值实现、社会地位提升等也被纳入生计结果的范围中（袁梁等，2017；安祥生等，2014）。在贫困研究中，贫困或脱贫本身就是农户的一种生计结果，农户理想的生计结果是更多的收入、改善了的生活状况、减少了的风险、拥有更安全的食物，以及自然资源的可持续利用等。因此，从本质上讲，贫困户或脱贫户的生计结果仍然涉及收入、幸福感、脆弱性、食物安全和自然资源可持续利用五个方面的内容（刘金新，2018）。

在有关农户收入的研究中，学者们主要从政策、农户等方面研究收入问题。政策主要包括土地、经济、生态等方面的补贴惠农政策。其中，土地政策主要与土地征收和流转有关，这类政策通常可以使农户的收入增加。相关研究指出，农村土地征收会对农村居民的收入产生影响，具体表现为土地被征收的农村居民家庭收入比土地没有被征收的农村居民的收入高（崔宝玉等，2016）。土地流转可以成为提高农村居民总收入的新方式，农村居民将土地进行流转，其家庭收入就会提高（李先东等，2019；许彩华、余劲，2020）。经济政策主要与信贷保险有关，但这类政策在农户增收方面可能无法达到预期。研究发现，林权抵押贷款的增收效果明显，但扶贫功能不明显（孔凡斌等，2019）。一般来说，农业保险能够使农村居民的收入尽可能趋于平稳，起到减少波动的作用。但事实证明，某些地区的农业保险并不能发挥这样的作用，无法保证农村居民家庭收入的稳定性（聂荣等，2013）。生态政策主要与生态移民和生态补偿政策有关，这类政策的实施可以帮助农户在改变原有生活方式的情况下依然保证收入稳定，缓解农户的贫困程度（黄志刚等，2018；周升强等，2020）。从农户本身出发，家庭拥有的资源禀赋不同、自我行为表现的差别等造成的收入波动，可以具体表现为人力资本、社会资本等生计资本对农村居民家庭收入的影响（武岩、胡必亮，2014；刘彬彬等，2014；程名望等，2016）。除此之外，有学者选择从生计角度去研究农户的收入问题，结果发现非农就业对农民收入有显著促进作用，其中就业能力可以在这个过程中起到调节作用（管永昊等，2020；蔡洁等，2020）。

现有关于农户幸福感的研究大致可以分为宏观与微观两个层面。政治、经济发展等是宏观层面研究的主要切入点；个体特征如性别、受教育程度、年龄、婚姻状况等则是微观层面研究的重点。在经济方面，收入是影响幸福感的重要因素之一，具体包括收入增长、相对收入、绝对收入等方面造成的影响。研究表明，收入增长对幸福感的影响存在一个阈值，即当居民收入达到峰值后，将无法再对幸福感产生影响（Easterlin，2001）。与收入有关的个人资产也是影响因素之一，例如储蓄、房产等固定资产均会对幸福感产生影响（李涛等，2011；李江一等，2015）。在政治视角下，民主对幸福感具有重要作用。研究表明，村庄民主的发展程度对农户幸福感有显著的正向影响，且这种影响在不同经济状况的农户间存在差异（陈前恒等，2014）。在微观层面上，性别、受教育程度、年龄、婚姻状况、家庭特征，甚至是户籍性质、民族、政治面貌都会对幸福感产生影响（Steele and Lynch，2013；Lam and Liu，2014；Li，2016；Tani，2017；Otis，2017；Churchill and Mishra，2017），但是这些影响会因为地域的不同而产生差异（王琪瑛，2019）。

有关农户脆弱性影响因素的研究主要包括三个方面，分别为与个体特征相关的基础变量、外部风险变量以及政策相关变量。在基础变量中，个体年龄、性别、婚姻状况、家庭规模、家庭收入、人口抚养比、土地拥有量、固定资产数量和价值、所在地的地形、县域类型、村及乡镇的企业数量、距最近医疗点的距离、距最近商业中心的距离等变量均会对农户贫困脆弱性产生影响（方迎风，2014；杨龙、汪三贵，2015；Klasen et al.，2015；徐超、宫兵，2017）。在外部风险变量中，以自然灾害为主的区域性总体冲击和以个人健康为主的个体特异性冲击是影响农户贫困脆弱性的两大重要因素（方迎风、邹薇，2013；Xu et al.，2017）。在政策相关变量中，与农户日常生产密切相关的公共政策（如低保、新农保、新农合等）是影响农户贫困脆弱性不可忽略的因素（徐超、李林木，2017）。

在有关农户食物安全的研究中，个人要素和环境要素是学者们关注的重点。在个人要素中，收入、家庭规模、消费结构、耕地资源等均会对农户食物安全产生影响（李瑞锋、肖海峰，2007；喻闻、李芸，2010）。在环境要素中，自然、经济和社会方面的因素是相关研究关注的重点。在自然要素方面，气候、土地、水资源是影响食物安全的主要因素（卢丽萍等，2009；Beyene and Muche，2010）。在经济要素方面，收入波动导致的购买力的变化（Kettings et al.，2009）和市场的不稳定因素造成的风险（von Braun and Torero，2009）是学者们关注的重点。在社会要素方面，除了常常被考虑到的个体特征变量外，文化风俗与长期的消费选择也会对农户食物安全造成影响（谢颜、李文明，2010；Coleman-Jensen et al.，2014）。此外，部分研究以粮食从生产到最终流转到市场的各个环节为切入点进行探讨。其中，粮食产量会因为农户的主观意愿以及自然的客观条件而起伏，当粮食产量因此而下降时，食物安全也会随之受到影响（张星等，2008）。生产技术的不断革新也为粮食产量的增加提供了新空间（文琦、刘彦随，2008）。有序稳定的市场与交易价格使粮食进入市场后能够顺利流通（章政、林卫斌，2005）。整体的消费结构和消费水平也是食物安全的重要影响因素（公茂刚等，2010）。

有关自然资源利用的可持续性的研究主要从主观和客观两个视角展开。主观视角的研究一般以农户为中心，探究他们对环境保护的认知或日常行为是否环保。具体而言,性别、家庭收入、受教育程度、环境满意度、对环境价值的认知均会对农户的环保意识产生影响(崔新蕾等,2011;余亮亮、蔡银莺,2015;李青等,2016)。研究表明,农户即使在最初表示自己是理性的,但是在具体的环保行为选择时仍然会表现出对利益的偏好。在日常的生产生活中,预计收益、公共政策等要素均会影响到农户的对环保行为的选择(江永红、马中,2008;郭碧銮,2010)。当缺少相关的激励机制时,强烈的环保意识也能保证农户选择环保行为,而随着年龄增长环保行为会减少(梁爽等,2005;邢美华等,2009)。因此,主观的环保意识与客观能够获得的收益情况均会对农户的环保行为产生影响(王志刚等,2015)。当农户收入较高时,相关的激励机制不再对其环保行为具有影响(王昌海,2014)。在客观视角中,土地、森林、水资源的可持续利用是学者研究农户自然资源利用的可持续性的关注点。当研究对象为客观环境时,研究主题通常为如何在政策或技术层面促进农户更加科学地利用这些自然资源(金千瑜等,2003;张建新、郑大玮,2005;陈永富等,2011;张正峰,2012)。

2.3.2 生计策略对生计结果的影响

可持续生计分析框架表明,生计结果是生计策略的产出与成果,生计策略发生改变可能会产生不同的生计结果。当生计策略发生改变时,农户的生产方式会发生变化,家庭耕地面积、家庭林地块数、家庭林地面积、家庭林业生产经营支出与收入也会随之改变(程秋旺等,2021)。其中,选择较高收益的生计策略会使得到的收入与福利向上传递,反之选择较低收益的生计策略会使得到的收入与福利向下传递(Jiao et al.,2017)。具体而言,贫困程度最高的农户更加倾向于通过对自然资源的消耗来获取经济收入,但收入较高的农户更愿意选择商业化属性更高的方式以谋生(Soltani et al.,2012)。同时,不同生计策略的选择可以改变农户的生计恢复力,当农户生计遭遇外部压力和冲击时,优化的生计策略选择可以提高其维持和改善生计机会和福祉的能力(郭蕾蕾,2021)。

在收入方面,研究表明,选择不同生计策略的农户家庭收入存在差异,农户由传统的"单一生计"转向"生计多样化"的发展方向能够拓宽增收途径，非农化程度越高，家庭收入增加越明显（马明等，2021；庞洁等，2021）。在幸福感方面，半农半牧型家庭幸福感最高，纯农型家庭幸福感最低，而采取非农化生计策略的农户幸福感高于采取其他生计策略的农户（朱利凯等，2011；Soltani et al.，2012）。在脆弱性方面，选择合适的生计策略能够规避生计风险，实现农户生计可持续发展，进而达到生计目标（金莲、王永平，2020）。研究发现，农户创业可以显著降低其家庭的脆弱性（谭燕芝、叶程芳，2020）。在食物安全方面，选择兼业型生计策略的农村居民与选择现代化生产方式的农村居民间存在差异。选择兼业而产生的需要兼顾的心理最终会降低食物安全性，而现代化的生产方式可以保证食物的数量与质量，因此要帮助兼业型农户选择更合适的生产方式（秦秀红，2010）。在自然资源利用的可持续性方面，研究发现，非农耕农民和农耕农民在环保意识上存在显著差异，农耕农民的环保意识更强烈，更注重对自然资源的保护（Lian et al.，2007）。但从行为上看，农药化肥的滥用会导致产生许多化学废料，加之生产过程中所产生的废物，会对环境造成更大的破坏（李秀芬等，2010）。提升农户的兼业化能力，减少其对农业收入的依赖，可以降低其对自然资源的消耗（蒋振、靳乐山，2021）。

2.4 小结

通过对前述国内外相关研究成果的回顾可以发现，首先，可持续生计分析框架的应用十分广泛，并且适合被应用于农村脱贫人口的生计研究。该框架的五个核心概念中，生计策略和生计结果作为生计过程的转换和产出环节，是本书的关注重点。其次，已有关于农村人口的生计策略研究涉及了影响农村人口特别是贫困人口生计策略的主要外部因素和内部因素，即脆弱性和生计资本。对生计策略造成影响的脆弱性因素主要包括外部冲击中的经济冲击、作物或家畜疫病冲击和自然冲击，社会主要发展趋势中的人口变化和国内经济趋势，各种周期性因素中的价格波动和就业机会周期性等。对生计策略造成影响的生计资本因素主要包括人力资本中的教育和技能培训，社会资本中的参与社区组织情况、获得社会网络支持情况，自然资本中的土地，物质资本中的生产资料，金融资本中的可用储蓄等。

同时，已有研究对生计策略多样化也有所关注。再次，政策会作用于农户的整个生计过程，对农户生计产生影响。已有研究指出，农户对于相关政策的认知水平会影响政策实施的过程及效果。农户对于政策的认知水平较低，主动参与政策执行过程的动力不足，会影响农户对国家政策的信任。因此，从政策影响个体认知过程的角度入手，有助于更深刻地理解政策的产生、运行及其对生计的影响。最后，农村脱贫人口的生计结果表现为农户收入、幸福感、食物安全和自然资源利用的可持续性等，其中收入与福利状况是出现频率最高的生计结果，已有研究对此均有涉及。此外，在生计结果的影响因素中，已有研究重点关注了生计策略对生计结果中某一维度的影响，但缺乏对不同生计策略与生计结果各个维度间关系的探讨。

总体而言，尽管已有研究对农村脱贫人口的生计策略、生计结果及其影响因素均有所涉及，但大多呈零散分布状态，缺乏针对性和系统性的研究，因而仍然存在一些缺陷，主要表现如下。

第一，忽视了对脆弱性、生计资本、生计策略间关系的系统分析。虽然可持续生计分析框架完全适用于对脱贫农户生计问题的研究，但目前对于脱贫农户生计策略及生计结果问题的探讨较少，已有研究大多围绕生计问题泛泛展开，没有明确地将有关研究成果纳入完整的可持续生计分析框架。对贫困农户的相关研究则大多从脆弱性、生计资本、生计策略的单一维度对生计进行分析，忽视了对脆弱性、生计资本、生计策略间存在的因果、动态关系的系统分析。

第二，忽略了农村脱贫人口政策认知对其生计策略的影响。已有研究大多从政策角度出发探讨其对农村人口生计的作用和影响，本质上是从宏观层面探讨政策与农户生计策略和生计结果间的关系，而从微观层面和农户个体角度探讨贫困农户、脱贫农户获取政策信息的能力以及政策认知对其生计策略影响的研究较少。同时，涉及的政策种类较少，更多侧重于探讨某一具体方面的政策对农户生计的影响。

第三，对脱贫农户生计策略与生计结果关系的研究不够完善。一方面由于研究角度的不同和针对具体问题时研究者理解的差异，尽管大多数对农户生计结果的研究都以可持续生计分析框架为基础，但在具体划分生计结果的维度时却存在差异，导致对生计结果的研究整体上呈现零散的状态；另一方面，相关研究大多集中于生计策略对生计结果某一维度（如收入或福利状况）的影响，缺乏对不同生计策略与生计结果各个维度间关系的全面分析。

考虑到农村脱贫人口生计策略和生计结果研究方面的成果与不足，本书随后的研究中，将着重从以下方面开展研究。首先，结合农村脱贫人口的特点，完善并明确划分生计策略和生计结果的维度，使其更具可操作性。其次，采用实证数据，系统分析脆弱性和生计资本对农村脱贫人口不同生计策略的影响，从而在掌握农村脱贫人口生计策略状况的同时，甄别出影响生计策略的积极因素和消极因素。再次，将农户对现有政策的认知状况纳入研究，探讨其对农村脱贫人口生计策略的影响，找出农户在现有政策认知方面存在的问题，以及进一步调整农户生计策略的政策途径。最后，除分析农村脱贫人口的生计策略及其影响因素外，进一步分析不同类型农户间生计结果的差异及其影响因素，并将重点关注不同生计策略对具体生计结果的影响，为农村脱贫人口生计策略调整和生计结果改善提供理论依据。

第 3 章　农村脱贫人口可持续生计分析框架

在对农村脱贫人口可持续生计进行深入研究前，首先要构建出农村脱贫人口可持续生计分析框架，并以此为基础生成收集数据的调查问卷。本章正是遵循这样的研究路径展开，具体包括三个部分：农村脱贫人口可持续生计分析框架的构建、变量的定义和测量以及调查问卷的生成。需要强调的是，正如第 2 章所展现的那样，由于可持续生计分析框架已经成为农村人口可持续生计研究时较多采用的分析范式。因此，本章也正是在这一基础上提出农村脱贫人口可持续生计的分析框架。

3.1　农村脱贫人口可持续生计分析框架的构建

在可持续生计分析框架中，生计策略作为一种转换手段，必须以生计资本为依托。即生计资本作为一种动态要素，它只有通过生计策略才能发挥效用，而其效用直接以生计结果的形式体现出来。生计结果作为衡量生计策略转换成功与否的唯一标准，与生计资本、生计策略一起构成了农村脱贫人口生计发展的主体要素。通常情况下，拥有的生计资本越多，意味着生计策略的可选择范围越大，同时在各种策略之间的灵活转换能力越强，也越有利于实现力所能求的生计结果（DFID，1999）。

结构和过程转变、脆弱性是影响生计分析的外部环境，它们与生计资本、生计策略和生计结果一起构成生计分析的整体框架。在结构和过程的众多组成部分中，政策作为调节贫困的手段之一，会作用于农户生计整个过程，对农户可持续生计产生直接和间接影响，是与生计相关的最为常见和显见的过程（高华云等，2013）。与此同时，除了政策制定者和实施者外，政策被实施者的想法和态度也是影响公共政策能否产生有效作用的重要因素之一。农村居民对政策的了解和信任程度可以被看作政策效果的反映（邓大松、李玉娇，2014）。相较而言，脆弱性对农村脱贫人口的生计影响比较直接，它多发生在日常生产和生活中，与农村脱贫人口自身有着直接的利益关系。因此，为深入分析农村脱贫人口的生计过程，本书将重点关注以政策为代表的结构和过程转变以及以脆弱性为代表的外部环境对脱贫人口生计的影响，并且主要从认知视角来关注政策对生计的上述影响。

在可持续生计分析框架中，生计结果可以被看作农户选择不同生计策略取得的成效或是预期的目标。生计结果主要体现在收入增加、幸福感提升、脆弱性降低、食物安全性提高、自然资源利用更具可持续性这五个方面（DFID，2000）。其中，脆弱性降低是指由外部冲击、社会主要发展趋势以及各种周期性因素带来的不利影响的程度减少。毫无疑问，它比生计结果的其他四个方面更为间接和抽象。而收入增加、幸福感提升、食物安全性提高、自然资源利用更具可持续性是四种更为直观和显见的生计结果。

基于第2章的综述内容及上述归纳分析，本书构建了用于分析农村脱贫人口生计策略及生计结果的框架（见图3-1）。在框架中，农村脱贫人口拥有生计资本存量的多寡直接影响生计策略的选择和组合，而生计策略又直接决定生计结果能否得到改善和提高。在此过程中，脆弱性和政策认知会对农村脱贫人口生计策略的选择产生影响。具体到各概念内部，生计资本包括人力资本、社会资本、物质资本、金融资本和自然资本，生计策略则包括纯农型生计策略、非农型生计策略和多样化生计策略三类，生计结果主要表现为收入增加、主观幸福感提升、食物安全性提高以及自然资源利用更具可持续性，脆弱性环境包含冲击、趋势和周期性三个方面。最后，本书从知晓度和满意度两个维度来衡量脱贫农户政策认知对其生计策略的影响。同时，为了解不同类型政策对于农户生计策略的影响是否存在差异，又将政策划分为补偿性政策和发展性政策进行对比分析。

3.2 变量测量

上述分析框架共引入了五个核心概念，分别是生计资本、生计策略、

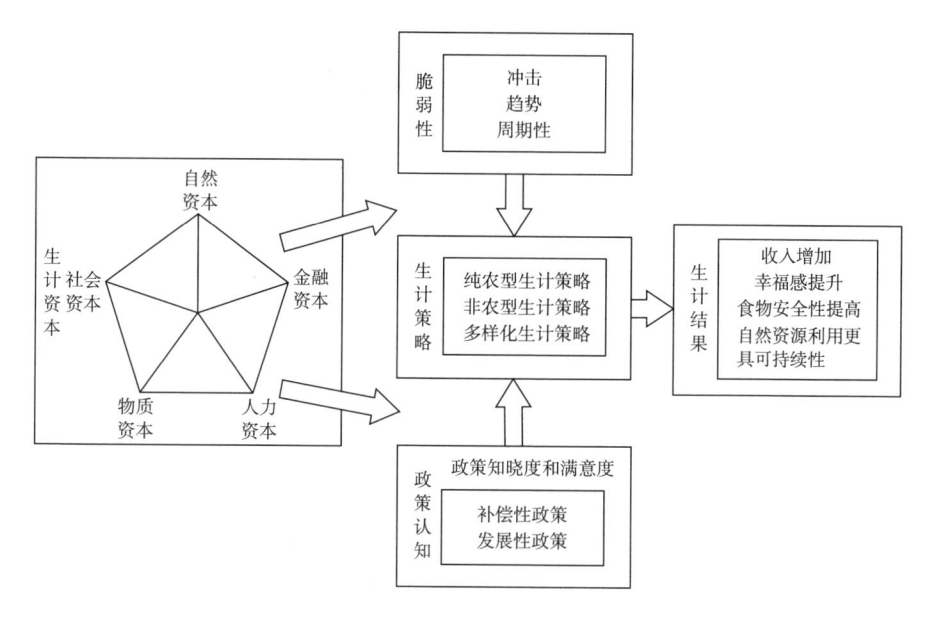

图 3-1 农村脱贫人口可持续生计分析框架

生计结果、脆弱性和政策认知。每个核心概念又包含了若干变量，变量的具体说明和测量如下①。

3.2.1 生计资本

按照可持续生计分析框架中对生计资本种类的划分，生计资本共包括人力资本、社会资本、自然资本、物质资本和金融资本等五种。人力资本作为实现生计目标的基本要素，取决于劳动力的数量和质量（多为对男性劳动力的测量），包括家庭规模、健康状况、受教育程度、工作能力等。其中，对家庭规模的测量采用开放性问题形式，通过询问家庭户籍人口数量以及劳动力数量获得；对健康状况和受教育程度，采用封闭性问题形式进行测量；对工作能力的测量，包括是否熟练掌握某项手艺或技术、是否接受过职业技能培训，均采用封闭性问题形式进行询问。社会资本是指农

---

① 根据问卷应答的实际情况，本书对个别变量的题项或选项做了必要的变序、合并或取舍，故与问卷中的个别描述不完全相同。第 4 章至第 7 章对变量的描述与分析都是在这种改动的基础上进行的。

户所拥有的可利用的社会资源，它包括社会网络状况、社会组织的参与以及社会合作关系，均采用开放性问题形式，分别通过询问参与专业合作组织、生产服务组织、龙头企业带动农户等组织的数量，获得重大决策、心理、劳动力、技术、资金、物质支持的数量以及重大事件商量求助的人数进行测量。自然资本是描述用于生产的自然资源存量术语，在测量自然资本时，考虑到耕地和林地在农村生产和生活中的重要地位，采用开放性问题形式，通过询问家庭可使用的耕地面积与林地面积来测量。物质资本是指人们生计活动所需要的基础设施和生产工具与设备，包括生产工具耐用品数量、住房面积、住房结构等。其中，对生产工具耐用品数量和住房面积，均采用开放性问题形式，分别通过询问拥有的生产性工具、交通工具和耐用品的数量，家中目前居住的房屋面积进行测量；对住房结构，根据房屋建造材料的不同，采用封闭性问题形式进行测量。金融资本是指用于消费和生产的金融资源，包括家庭储蓄和金融可及性两个方面。其中，家庭储蓄采用封闭性问题形式，通过设置不同等级的家庭存款金额区间进行测量；金融可及性主要指的是可筹措的资金，其筹措来源主要有政府扶贫小额贴息贷款、银行或信用社、亲朋好友、高利贷等。采用封闭性问题形式，通过询问是否从上述四个渠道分别获得的借款进行测量。生计资本的具体测量项目和选项见表3-1。

表3-1 生计资本量题目与选项

变量	测量题目	选项
人力资本		
家庭规模	107a. 您家户籍人口数	_____人
健康状况	301. 您目前的身体健康状况如何	1=非常不好 2=不好 3=一般 4=好 5=非常好
受教育程度	302. 您的受教育程度是	1=没上过学 2=小学 3=初中 4=高中（含中专、技校） 5=本科（大专）及以上

续表

变量	测量题目	选项
工作能力	303. 您是否熟练掌握某项手艺或技术（如木匠、泥水匠、种养技能等）	1＝是 2＝否
	304. 您是否接受过职业技能培训（包括农业技能培训、养殖技能培训、加工制造技能培训等）	1＝是 2＝否
社会资本		
社会组织参与	331. 您加入专业合作组织、生产服务组织、龙头企业带动农户组织的数量	共_____个
获得的社会支持	333a. 生产、生活中做重要决策时亲戚、邻居或朋友会为我出主意	1＝同意 2＝不同意
	333b. 有高兴或不高兴的事时亲戚、邻居或朋友愿意听我诉说	1＝同意 2＝不同意
	333c. 在需要时，我能够得到亲戚、邻居或朋友的安慰和鼓励	1＝同意 2＝不同意
	333d. 亲戚、邻居或朋友能够给我提供非常实际的帮助，如借钱、帮忙、种地等	1＝同意 2＝不同意
	333e. 有困难时，我能够从农民合作社、接待机构等社会组织中获得资金、劳动力、物质等帮助	1＝同意 2＝不同意
	333f. 有困难时，我能够得到政府的救助和补贴	1＝同意 2＝不同意
	333g. 我参加宗教活动	1＝同意 2＝不同意
	333h. 我参加村里的互助协会	1＝同意 2＝不同意
	333i. 我经常和亲戚、朋友一起吃饭	1＝同意 2＝不同意
	333j. 我经常和亲戚、朋友打电话	1＝同意 2＝不同意
	333k. 我经常和邻里在一起进行娱乐活动（如：打牌、麻将等）	1＝同意 2＝不同意
	333l. 一般来说，不管是陌生人还是熟悉人都是可信任的	1＝同意 2＝不同意

续表

变量	测量题目	选项
社会网络规模	332a. 重要决策时可商量的家人、亲戚、熟人、朋友等人的数量	共_____人
	332b. 心情不好时可倾诉的人数	共_____人
	332c. 急需大笔开支时可求助的人数	共_____人
	332d. 遇到农业生产困难时可求助的人数	共_____人
	332e. 生病需要照顾时可求助的人数	共_____人
自然资本		
耕地面积	306a. 您家可使用的耕地（粮田、菜地）面积	共_____亩
林地面积	306c 您家可使用的林地（包括自留山、承包林等）面积	共_____亩
物质资本		
生产工具耐用品数量	314. 您家拥有的生产性工具、交通工具或耐用品的数量	共_____个
住房面积	305. 您家所拥有的宅基地面积为	共_____平方米
住房结构	308. 您家庭的房屋结构是	1=竹草土坯 2=砖瓦砖木结构 3=砖混结构 4=钢筋混凝土 5=其他
金融资本		
家庭储蓄	316. 您家目前存款总额约为多少	1=无 2=1~2999元 3=3000~5999元 4=6000~8999元 5=9000元及以上
金融可及性	317. 您家是否得到过政府的小额扶贫贴息贷款	1=是 2=否
	318. 当您需要钱时，是否能从银行或信用社获得贷款	1=是 2=否
	323. 当您家需要钱时，您家是否从亲朋好友处借到过钱	1=是 2=否
	325. 当您家需要钱时，能借到高利贷吗	1=是 2=否

3.2.2 生计策略

根据可持续生计分析框架，本书从农户的生计活动的角度对生计策略进行界定。农户对于生计策略的选择，即农户选择采取何种类型的生计活动。可持续生计分析框架中将生计活动分为生产活动、投资活动和家务活动。考虑到本书的研究对象为刚刚脱贫的农户，由于该类群体的经济状况导致其能够采取的投资策略较为局限，而家务活动由于产生的经济价值较小，无法直接有效地帮助脱贫人口改善其经济状况，且政策对于农户个体家庭所从事的家务活动调整度较小，因此，本书主要选取了生产活动来对农户的生计策略进行研究，通过询问家庭目前从事哪种生产经营活动进行测量。具体测量题目如下见表3-2。

表3-2 生计策略测量题目与选项

变量	测量题目	选项
生计策略	401. 你家目前从事哪种生产经营活动	1=农作物种植 2=畜牧养殖 3=水产养殖 4=林作物种植 5=非农打工 6=家庭经营活动

3.2.3 生计结果

在可持续生计分析框架中，生计结果是指处于脆弱性环境中的农户通过有效的生计策略而追求的生计目标。在宏观层面上，生计结果关注公共服务均等化、生计发展能力和权利保障，强调实现贫困户生计可持续性（黄江玉、曹富国，2019）。在微观层面上，生计结果是农户经济水平以及居住的自然环境的体现，可以具体表现为农户生活水平提高、脆弱性降低、食物安全性提高、资源利用优化等（王致和，2018；张钦等，2019）；也可以是收入增加，获得感、幸福感和满意感等民生"三感"的提升，资产配置效率的提高等（李秉文，2020）。综合以往研究，本书将生计结果具象化为农户收入、幸福感、食物安全、自然资源利用的可持续性等方面。其中，对农户收入的测量采用封闭性问题形式，通过询问和上年相比，今年家庭总收入的变化获得。对幸福感的测量采用封闭性问题形式，通过询问对目前生活状况的满意程度获得。对食物安全的测量涵盖三个方面的内容，即是否已经解决温饱问题、是否营养摄入充足、是否经常变换食物花样等，均采用封闭性问题形式进行询问。对自然资源利用的可持续性的测量包含生产废物处理方式与肥料和能源使用两个部分。其中，对生产废物处理方式的测量采用封闭性问题形式，通过询问农户处理农作物秸秆的方式获得；对肥料和能源使用的测量采用开放性问题形式，分别通过询问在过去的一年中家里使用农家肥和柴火的数量获得。具体测量题目如下见表3-3。

表3-3　生计结果测量题目与选项

变量	测量题目	选项
农户收入	501. 和上年相比，今年您的家庭总收入如何变化	1=收入明显增加 2=收入明显减少 3=收入基本不变
幸福感	504. 您对家里目前的生活状况满意吗	1=非常满意 2=比较满意 3=一般 4=比较不满意 5=非常不满意
食物安全	502a. 您家已经解决温饱问题了吗	1=已经解决 2=基本解决 3=尚未解决
	502b. 您和您家人的营养摄入充足吗	1=营养充足 2=基本充足 3=不充足
	502c. 您家是否经常变换食物花样	1=经常 2=偶尔 3=从来没有
自然资源利用的可持续性		
生产废物处理方式	506. 您家如何处理农作物秸秆	1=焚烧 2=丢弃 3=卖掉 4=其他

续表

变量	测量题目	选项
肥料和能源使用	505. 在过去的一年中家里使用多少农家肥	＿＿＿＿公斤
	507. 在过去的一年中您的家庭共使用多少柴火	＿＿＿＿公斤

3.2.4 脆弱性

农户在生产生活中会遭受多种脆弱性冲击，一般脆弱性包括外部冲击、趋势和周期性。外部冲击包括自然灾害、个人健康、家庭事件及农作物或牲畜健康冲击；趋势一般指政策趋势，比如城镇化政策、涉及生态保护的移民搬迁政策；周期性主要指生产和生活资料的价格变化、市场波动、农产品产量变化以及就业机会的变化。具体测量题目见表3-4。

表3-4 脆弱性测量题目与选项

变量	测量题目	选项
冲击	204. 近三年家庭是否发生了建房或买房、婚丧嫁娶、子女上大学（大中专）等事件	1=是 2=否
趋势	206. 近三年家庭是否因拆迁、退耕还林等政策而丧失了土地	1=是 2=否
周期性	210. 近三年家庭生产的农（林、畜、水）产品的产量是否减少	1=是 2=否

3.2.5 政策认知

已有研究指出，个体对于政策的知晓度和满意度会对他们在社会活动过程中的行为选择产生影响，政策认知对社会群体的实际社会参与行为有预测作用。因此，本书将农户对于政策的知晓度和满意度作为变量，对农户的政策认知进行测度，分别通过询问农户是否知道该政策和对制度（政策）的执行和实施情况是否满意获得。具体测量题目见表3-5。

表 3-5 政策认知测量题目与选项

变量	测量题目	选项
政策知晓度	601. 您是否了解与扶贫相关的技术指导或农副业生产的帮扶措施 604. 您是否了解政府提供的农业生产或外出打工的技能培训	1. 完全不了解 2. 不了解 3. 说不清 4. 了解 5. 非常了解
	612a. 您是否知道该制度（政策）？（包括农村居民最低生活保障、新型农村合作医疗、新型农村社会养老保险、农业保险保费补贴、农村危房改造补贴、退耕还林还草补贴、子女义务教育补贴、土地流转政策、残疾人补贴）	1. 没听说 2. 听说但不清楚 3. 听说并了解
政策满意度	603. 您认为与扶贫相关的技术指导或农副业生产的帮扶措施有帮助吗 606. 您认为政府提供的农业生产或外出打工的技能培训有帮助吗	1. 没有帮助 2. 帮助较小 3. 一般 4. 帮助比较大 5. 帮助很大
	612c. 该制度（政策）的执行和实施情况，您是否满意？（包括农村居民最低生活保障、新型农村合作医疗、新型农村社会养老保险、农业保险保费补贴、农村危房改造补贴、退耕还林还草补贴、子女义务教育补贴、土地流转政策、残疾人补贴）	1. 不满意 2. 说不清 3. 满意

3.3 调查问卷的生成

在构建了分析框架并对涉及的变量进行测量后，接下来将生成收集数据的调查问卷。根据问卷的设计要求，一份问卷通常包括标题、封面信、指导语、问题与答案等基本结构。

标题。问卷标题要求开宗明义，紧扣研究目标和测量内容，以便被调查者能够直接从标题中明白调查的内容和目的。同时还要注意标题本身应尽量避免使用可能会引起被调查者心理不适的词语。因此，问卷标题中并未出现诸如"贫困户"或者"脱贫户"等字眼，而是直接以"可持续生计调查问卷"这样更显中性化和学术化的名称作为标题。

封面信。在调查时，调查员与被调查者互不认识。为了打消被调查者的疑虑，让他们能够信任调查员，进而积极的配合，本次调查在问卷的封面附上了一封简洁的封面信。封面信中分别介绍了调查组织者的身份、调查的内容和范围、对被调查者的感谢及保密承诺等。

指导语。为了便于被调查者填答问卷，在正式的问题之前，不仅注明了具体的填答方式，还对问卷中可能会引起歧义的概念进行了辨析，如"问卷中所指的家庭成员是指与您共享生活开支与收入的人，包括：由您家供养的在外学生（含大中专学生和研究生）；未分家的农村外出从业人员和随迁家属，无论其外出时间长短；轮流居住的老人；在您家居住的孙子、孙女、外甥、外甥女等"。

问题与答案。问题与答案作为问卷的主体内容，除了涵盖上一节中五类变量的测量题项外，为了凸显脱贫后，农户生计策略和生计结果的变化，还专门设置了用于识别农户类别的题项，包括"您家现在是否为贫困户"等。同时，问卷中题项的排列需要遵循一定顺序，先易后难，才能给受访者营造轻松、愉快的感觉（风笑天，2005）。因而，在设计调查问卷时，便依据上述原则，打乱了原有变量模块中的测量题项顺序。问卷共包括六个部分，即农户家庭基本信息、脆弱性环境、生计资本、生计策略、生计结果、政策制度。其中，农户家庭基本信息部分主要涵盖被调查者个人基本情况、家庭人口和收入、享受社保情况、家庭类别、致贫原因等测量题项；脆弱性环境部分主要涵盖对产量波动、生产资料价格上涨、作物或家畜疫病等生产环境的测量题项以及对重大疾病、消费品价格上涨等生活环境的测量题项；生计资本部分主要涉及对人力资本、社会资本、自然资本、物质资本、金融资本等五种生计资本的测量题项；生计策略部分主要包括对农、林、牧、渔业生产和非农经营等生计活动的测量题项；生计结果部分主要包含对农户收入、食物安全、幸福感以及自然资源利用的可持续性的测量题项；政策制度部分主要涵盖农户对与生计相关的补偿性和发展性政策的认知、参与和满意程度的测量题项。

需特别说明的是，为了保证调查的质量，便于及时查找问卷和事后处理问卷中可能存在的漏填、录入、录错等问题，在问卷中还设置了被访人编码、被访人姓名、被访人住址、访问时间、访问员签名、核对人签名等信息。

3.4 小结

本章首先构建了用于分析农村脱贫人口生计策略和生计结果的框架，框架中生计资本决定着生计策略，而生计策略对生计结果又有直接影响。同时，脆弱性环境直接影响着生计策略。此外，农户的政策认知对生计策略也存在直接影响。在此基础上，本章明确了分析框架中所包含变量的测量内容，并确定了变量的测量形式，即封闭性与开放性问题相结合。最后，基于上述工作，形成用于收集具体数据的调查问卷。问卷结构包括标题、封面信、指导语、问题与答案等。其中，问题与答案不仅包含了脆弱性环境、生计资本、生计策略、生计结果、政策认知等五个变量的全部测量内容，还涵盖了用于识别农户类别和原因的问题和答案。问卷的问题与答案按照排序原则进行排序后，共包括家庭基本信息（包含农户类别的测量问题）、脆弱性环境、生计资本、生计策略、生计结果、政策制度六个部分，共110个题项。

第4章 数据与处理

在构建出农村脱贫人口可持续生计分析框架并形成可操作的调查问卷后,本章利用调查问卷收集了研究所需的数据。在此基础上,对问卷中的主要变量进行描述性统计分析,从而为之后的研究奠定基础。本章主要包括两个方面的内容:调查与数据和主要变量的描述性统计。

4.1 调查与数据

4.1.1 调查地点

本书的数据来源于陕西省。陕西省位于中国中部黄河中游地区,南部兼跨长江支流汉江流域和嘉陵江上游的秦巴山地区,东隔黄河与山西省相望,北与内蒙古自治区相毗连,西与宁夏回族自治区和甘肃省相邻,南以米仓山、大巴山主脊与四川省接界,东南与湖北省、河南省接壤。截至2019年,全省总面积205603平方公里,下辖10个地级市(其中1个副省级市)、30个市辖区、6个县级市、71个县,全年生产总值25793.17亿元,年末常住人口3876.21万人,其中乡村人口1572.58万人,占比40.57%。全年农村居民人均可支配收入12326元。

陕西省虽地处内陆,人们习惯上将其作为中国西北地区的内陆省份之一,但其位置偏东,东部距海洋的最近距离仅500多公里,因而仍明显受到东亚季风环流活动的影响,这使其成为中国东部季风区的组成部分。夏季季风活动给陕西带来一定的降水,使这里不像甘肃、新疆、宁夏以及内蒙古西部那样干旱。同时又由于夏季风到达陕西时势力已大大减弱,使降水量从南向北逐渐减少,而大陆性的影响却逐步增强。两者的相互作用,使陕西形成大陆性季风气候，具有从东南湿润气候向西北干旱气候过渡的特点，由此导致陕西的自然景观和农业生产结构也具有明显的过渡性特征。陕北黄土高原在历史上曾是农业和牧业交错分布的地带，尤其是陕北北部长城沿线，游牧活动和耕垦活动多次交替，至今仍保持着一定规模的牧业，是农业区和牧区的接合部。特殊的地理位置与气候条件使农户在从事生产活动时需要面对更加复杂的环境挑战，因此这里也成为国家脱贫攻坚战略实施的重点区域。

选择陕西省作为调查地主要是基于以下考虑。第一，地区的代表性。陕西省经济发展一直处于全国中等水平，工业化和城镇化进程也基本位于全国中游。同时全省地势地貌具有一定的代表性，省内地势呈现南北高、中间低，有高原、山地、平原和盆地等多种地形，上述因素构成了农村脱贫人口生计演变的重要背景。第二，调查对象的可获得性。"十三五"时期，陕西56个贫困县全部摘帽，288万建档立卡贫困人口全部脱贫，历史性地解决了绝对贫困和区域性整体贫困问题。这一现实有利于调查对象的获得。第三，调查的可行性。由于研究的时间、经费和人员等众多条件的制约，调查组必须在保证调查数据规模和质量的前提下，短时间内深入农村社区完成大规模的入户调查和访谈。因此，当地政府和职能部门的协调与配合成为调查能否顺利进行的关键因素。由于先前的研究经历和实践，调查组主要成员已经与陕西省相关职能部门建立了深厚的合作基础，可以为调查工作的顺利进行提供保障。

4.1.2 数据收集

为保证调查质量，调查组于2018年6月进行了预调查，随机抽取延安市延川县某行政村进行了访谈及问卷调查工作，通过此次调查将问卷中部分格式繁杂及表意不清的问题进行了修改与删减。

正式调查于2018年7~8月开展，调查在陕南、陕北、关中地区分别选取了汉中、安康、商洛、榆林、延安、宝鸡、咸阳、渭南和杨凌9个区域进行，几乎覆盖陕西省全省。调查地点选取了国务院颁布的《川陕革命老区振兴发展规划》中涉及的陕西国家连片特困县，具体抽样时采用分层多级抽样方法，调查对象按照县、乡、村三级抽样获得，为相关县域内建档立卡的贫困农户及脱贫农户。

为了保证数据的可靠性,调查组在现场调查和数据录入过程中均采用了多种质量控制措施,包括事先对调查员的培训、调查跟访、问卷审核、数据录入质控等。(1)事先对调查员的培训。本次调查人员共分为9组,每组由1位调查指导员、5位调查员组成。为了保证现场调查质量,共分2次对调查人员分别进行了培训,主要包括调查问卷的题项解析、调查技巧及常见问题处理等内容。(2)调查跟访。在调查过程中,调查指导员会随机出现在各处调查现场并与各组调查员一起参加现场调查,及时处理与纠正调查过程中可能出现的意外和突发情况。(3)问卷审核。在调查过程中,要求每位调查员在被访者填完问卷后,当场检查问卷,确认填答完整,才可发放礼品。同时,还要求调查员在每天调查结束后对所有的问卷进行编码,并再次检查相关题项的答案。(4)数据录入质控。本书采用 EpiData 软件对调查数据进行录入,在建立数据库时,事先对各变量的取值范围进行了设置。在此基础上,采用编程方法对合并后的数据库进行了问卷内部一致性逻辑检验。对于存在逻辑问题的问卷,通过查找原始问卷的方法进行核对校正或最终剔除。

4.1.3 数据概况

本次调查共发放问卷924份,回收问卷866份,问卷回收率为93.7%。经过数据清洗工作后,最终确定用于研究的问卷为859份,有效回收率为93.0%。较高的有效回收率也从侧面反映了前述质量控制措施的有效性。

本次调查的有效样本基本情况如表4-1所示。在社会人口特征方面,调查对象的平均年龄为53岁;每个家庭平均有4口人。调查对象中,男性618人,女性228人,各占总量的73.0%和27.0%;667人已婚,178人未婚,各占总量的78.9%和21.1%;分布在平原317人、山区423人、丘陵88人、其他地区15人,分别占总量的37.6%、50.2%、10.4%和1.8%。在社会经济地位方面,调查对象家庭平均年收入为25506元,498人属于脱贫农户,275人属于贫困农户,分别占总量的64.4%和35.6%;189人健康状况不佳,304人健康状况中等,342人健康状况良好,分别占总量的22.6%、36.4%和41.0%;有139人没上过学,300人的受教育水平为小学,284人的受教育水平为初中,87人的受教育水平为高中(含中专、技校),24人的受教育水平为本科(大专)及以上,各占总量的16.7%、36.0%、34.1%、10.4%和

2.9%；有44人是共青团员、有42人是共产党员、有5人是民主党派、有764人是群众，各占总量的5.1%、4.9%、0.6%和89.4%。

表4-1 调查样本的基本情况

		样本量（百分比）/均值（标准差）	最小值（最大值）
社会人口特征			
地理位置	平原	317（37.6%）	
	山区	423（50.2%）	
	丘陵	88（10.4%）	
	其他	15（1.8%）	
性别	男	618（73.0%）	
	女	228（27.0%）	
年龄（岁）		53（14.083）	13（93）
婚姻状况	已婚	667（78.9%）	
	未婚	178（21.1%）	
家庭规模（人）		4（1.798）	1（9）
社会经济地位			
政治面貌	共青团员	44（5.1%）	
	共产党员	42（4.9%）	
	民主党派	5（0.6%）	
	群众	764（89.4%）	
受教育水平	没上过学	139（16.7%）	
	小学	300（36.0%）	
	初中	284（34.1%）	
	高中（含中专、技校）	87（10.4%）	
	本科（大专）及以上	24（2.9%）	
家庭年收入（元）		25506（36710.99）	3100（540093）
贫困类别	贫困农户	275（35.6%）	
	脱贫农户	498（64.4%）	
身体健康状况	不好	189（22.6%）	
	中等	304（36.4%）	
	良好	342（41.0%）	

注：由于调查对象对相关题项的回答有缺失，故各变量所对应的样本数不完全相同。

4.2 主要变量的描述性统计

4.2.1 生计资本各变量的描述性统计

表4-2显示了生计资本各变量的描述性统计结果。

在人力资本中，贫困农户与脱贫农户在家庭规模、身体健康状况、受教育程度以及工作能力上都存在差异。在家庭规模方面，贫困农户与脱贫农户家庭规模较小，脱贫农户家庭规模约为4~5人，贫困农户家庭规模为3~4人，脱贫农户家庭规模大于贫困农户；在身体健康状况方面，贫困农户与脱贫农户普遍身体健康状况较差，身体健康状况均处于不好到一般之间，相较而言，脱贫农户身体健康状况要好于贫困农户；在受教育程度方面，贫困农户与脱贫农户大多为小学及初中文化水平，受教育程度较低，但脱贫农户的受教育程度要高于贫困农户；在工作能力方面，贫困农户与脱贫农户大多没有手艺或技能，贫困农户中有手艺或技能的仅占31.5%，脱贫农户中有手艺或技能的占35.9%；较多贫困农户与脱贫农户没有接受过职业技能培训，接受过相关职业技能培训的贫困农户占35.6%，接受过相关职业技能培训的脱贫农户占39.2%，前者略低于后者。总体而言，贫困农户与脱贫农户的人力资本水平都不高，但脱贫农户在家庭规模、受教育程度、健康状况以及工作能力方面的人力资本水平要高于贫困农户。对于以从事农业为主的农户而言，生计资本中物质资本的水平相对较高。在物质资本中，脱贫农户的家庭住房面积为102.09平方米，要大于贫困农户的89.46平方米；在住房结构方面，脱贫农户与贫困农户住房结构多为砖瓦砖木结构与砖混结构，脱贫农户住房结构要显著优于贫困农户；脱贫农户家庭生产工具耐用品数量为4.527件，要多于贫困农户的3.256件。整体而言，脱贫农户的物质资本水平高于贫困农户。在自然资本中，脱贫农户耕地面积大于贫困农户，而在林地面积方面，脱贫农户林地面积要小于贫困农户。在社会资本中，脱贫农户所获得的社会支持为7.237项，要多于贫困农户的7.032项；在社会网络规模方面，脱贫农户与贫困农户的社会网络规模均较小，脱贫农户社会关系网规模为13.342人，要大于贫困农户的社会关系网络规模；在社会组织参与方面，脱贫农户社会组织参与数量要多于贫困农户。总体而言，脱贫农户家庭社会资本水平要高于贫困农户。在金融资本中，脱贫农户与贫困农户家庭储蓄金额均较小，但脱贫农户家庭储蓄金额相对较大，要大于贫困农户；在金融可及性方面，脱贫农户金融可及性水平要高于脱贫农户，贫困农户与脱贫农户金融可及性水平整体较低。整体而言，脱贫农户家庭金融资本水平要高于贫困农户。

表 4-2　生计资本各变量的描述性统计

变量	题项和内容		贫困农户频数（百分比）/均值（标准差）	脱贫农户频数（百分比）/均值（标准差）	总计频数（百分比）/均值（标准差）
人力资本	107		2.985 (0.883)	3.298 (0.937)	3.22 (0.95)
	301		3.46 (1.853)	4.15 (1.703)	3.95 (1.798)
	302		2.28 (0.949)	2.49 (0.958)	2.47 (0.98)
	303	有手艺技能	92 (31.5%)	179 (35.9%)	271 (34.3%)
		无手艺技能	200 (68.5%)	319 (64.1%)	519 (65.7%)
	304	有接受培训	104 (35.6%)	195 (39.2%)	299 (37.8%)
		无接受培训	188 (64.4%)	303 (60.8%)	491 (62.2%)
物质资本	305		89.46 (53.216)	102.09 (50.894)	209 (54.609)
	308		2.584 (0.883)	2.846 (0.939)	2.32 (0.95)
	314		3.256 (1.878)	4.527 (2.554)	4.24 (2.427)
自然资本	306	耕地面积	4.009 (5.715)	4.720 (6.644)	4.37 (6.303)
		林地面积	1.005 (3.577)	0.920 (3.842)	1.03 (4.205)
金融资本	316		1.77 (0.995)	2.24 (1.210)	2.17 (1.23)
	317、318、323、325		1.771 (1.028)	1.834 (1.044)	5.95 (1.373)
社会资本	333		7.032 (1.467)	7.237 (1.633)	7.16 (2.799)
	332		11.650 (6.577)	13.342 (7.167)	12.16 (7.19)
	331		0.64 (0.731)	0.66 (1.002)	0.64 (0.89)

4.2.2　生计策略各变量的描述性统计

表 4-3 显示了生计策略各变量的描述性统计结果。

在生计策略选择上，贫困农户选择农作物种植的比例最高，超过半数（52.5%）；其次是选择非农打工与家畜养殖，分别占 19.7% 和 15.0%；贫困农户对剩余 3 种生计活动的选择比例较少，均不足 10%（林作物种植占 6.8%，水产养殖占 3.3%，家庭经营活动占 2.7%）。同样的，脱贫农户选择农作物种植的比例也是最高，为 46.6%；其次是选择非农打工与家畜养殖，分别占 27.2% 和 13.7%；脱贫农户对剩余 3 种生计活动的选择比例也较少，均不足 10%（家庭经营活动占 7.1%，林作物种植占 3.7%，水产养殖占 1.7%）。但相较而言，贫困农户选择农作物种植、畜牧、林业和渔业的比例比脱贫农户高，但选择非农打工和家庭经营活动的比例比脱贫农户要少，可以看出脱贫农户对生计策略多样化的接受程度比贫困农户更高，除了农业活动外，脱贫农户更愿意尝试非农业性的生产活动。

表 4-3　生计策略各变量的描述性统计

变量	题项和内容	贫困农户频数（百分比）/均值（标准差）	脱贫农户频数（百分比）/均值（标准差）	总计频数（百分比）/均值（标准差）
生计策略 401	农作物种植	192（52.5%）	324（46.6%）	516（48.6%）
	林作物种植	25（6.8%）	26（3.7%）	51（4.8%）
	家畜养殖	55（15.0%）	95（13.7%）	150（14.1%）
	水产养殖	12（3.3%）	12（1.7%）	24（2.3%）
	非农打工	72（19.7%）	189（27.2%）	261（24.6%）
	家庭经营活动	10（2.7%）	49（7.1%）	59（5.6%）

4.2.3　生计结果各变量的描述性统计

表 4-4 显示了生计结果各变量的描述性统计结果。

在农户收入方面，总体上，农户收入较前一年基本不变的比例最高，占总数的 61.1%。但脱贫农户收入增加的比例（32.4%）高于贫困农户（30.8%）。在食物安全方面，脱贫农户的食物安全程度高于贫困农户。但在幸福感方面，贫困农户的幸福感却高于脱贫农户。在肥料和能源使用方面，脱贫农户使用柴火的数量较多，使用农家肥的数量较少。在生产废物处理方面，整体上，除去其他方式，焚烧是农户选择最多的方式，占总数的 35.4%；其次为丢弃，占总数的 21.7%；农户选择最少的方式就是将其卖掉，只占总数的 12.5%。这说明不论农户是否脱贫，其环保意识仍然有待增强。

表 4-4　生计结果各变量的描述性统计

变量	题项和内容		贫困农户频数（百分比）/均值（标准差）	脱贫农户频数（百分比）/均值（标准差）	总计频数（百分比）/均值（标准差）
农户收入	501	基本不变	185（63.4%）	298（59.8%）	483（61.1%）
		明显减少	17（5.8%）	39（7.8%）	56（7.1%）
		明显增加	90（30.8%）	161（32.4%）	251（31.8%）
食物安全	502		6.46（1.179）	7.01（1.168）	6.86（1.22）
幸福感	504		2.6（0.845）	2.31（0.719）	2.41（0.772）
肥料和能源使用	505	农家肥	131.65（346.32）	114.41（475）	132.4（527.33）
	507	柴火	768.11（1544.92）	872.27（1402.48）	798.4（1450.5）
生产废物处理方式	506	焚烧	72（29.1%）	160（39.2%）	232（35.4%）
		丢弃	61（24.7%）	81（19.9%）	142（21.7%）
		卖掉	36（14.6%）	46（11.3%）	82（12.5%）
		其他	78（31.6%）	121（29.6%）	199（30.4%）

4.2.4　脆弱性各变量的描述性统计

表 4-5 反映了不同类别农户所遭受的脆弱性状况的差异，分别包括冲击、趋势和周期性三个方面。

在冲击方面，全体农户中近三年家庭遭受建房或买房、婚丧嫁娶、子女上大学（大中专）等事件冲击的有 251 人，占 32.3%；贫困农户中近三年家庭遭受建房或买房、婚丧嫁娶、子女上大学（大中专）等事件冲击的有 92 人，占 32.4%；脱贫农户中近三年家庭遭受建房或买房、婚丧嫁娶、子女上大学（大中专）等事件冲击的有 159 人，占 32.3%。可以看出，脱贫农户受到临时性大额支出冲击的比例要高于贫困农户。

在趋势方面，全体农户中近三年因拆迁、退耕还林等政策而丧失了土地的有 130 人，占 16.7%；贫困农户中近三年因拆迁、退耕还林等政策而丧失了土地的有 45 人，占 15.9%；脱贫农户中近三年因拆迁、退耕还林等政策而丧失了土地的有 85 人，占 17.2%。经过对比可以看出，脱贫农户因拆迁、退耕还林等政策而丧失了土地的比例要高于贫困农户。

在周期性方面，全体农户中近三年家庭生产的农（林、畜、水）产品产量减少的有139人，占18.7%；贫困农户中近三年家庭生产的农（林、畜、水）产品产量减少的有79人，占29.4%；脱贫农户中近三年家庭生产的农（林、畜、水）产品产量减少的有60人，占12.6%。通过对比，与脱贫农户遭受前述两种脆弱性环境的比例高于贫困农户的比例不同的是，近三年贫困农户家庭生产的农（林、畜、水）产品产量减少的比例要高于脱贫农户。

表4-5 脆弱性各变量的描述性统计

变量	题项和内容	贫困农户频数（百分比）/均值（标准差）	脱贫农户频数（百分比）/均值（标准差）	总计频数（百分比）/均值（标准差）
近三年家庭是否发生了建房或买房、婚丧嫁娶、子女上大学（大中专）等事件	204 是	92（32.4%）	159（32.3%）	251（32.3%）
	否	192（67.6%）	333（67.7%）	525（67.7%）
近三年您家是否因拆迁、退耕还林等政策而丧失了土地	206 是	45（15.9%）	85（17.2%）	130（16.7%）
	否	238（84.1%）	409（82.8%）	647（83.3%）
近三年家庭生产的农（林、畜、水）产品的产量是否减少	210 是	79（29.4%）	60（12.6%）	139（18.7%）
	否	190（70.6%）	415（87.4%）	605（81.3%）

4.2.5 政策认知各变量的描述性统计

（1）补偿性政策认知各变量的描述性统计

表4-6表现了不同类别农户对补偿性政策认知状况的差异。

在知晓度方面，脱贫农户对于新型农村合作医疗政策、新型农村社会养老保险政策的知晓度略高于贫困农户，而对于退耕还林还草补贴政策的知晓度略低于贫困农户。在对于农村居民最低生活保障政策、农业保险保费补贴政策、农村危房改造补贴政策以及残疾人补贴政策的知晓度方面，贫困农户的知晓度均高于脱贫农户。

在满意度方面，脱贫农户对于新型农村合作医疗政策、新型农村社会养老保险政策的满意度略高于贫困农户，而对于退耕还林还草补贴政策的满意度略低于贫困农户。在对于农村居民最低生活保障政策、农业保险保费补贴政策、农村危房改造补贴政策以及残疾人补贴政策的满意度方面，贫困农户与脱贫农户存在显著差异，贫困农户的满意度均高于脱贫农户。

总的来说，在补偿性政策认知方面，贫困农户对于补偿性政策的知晓度与满意度相对高于脱贫农户。在补偿性政策中，贫困农户和脱贫农户对于新型农村合作医疗政策的知晓度和满意度最高。

表 4-6　补偿性政策认知各变量的描述性统计

变量		题项和内容	贫困农户频数（百分比）/均值（标准差）	脱贫农户频数（百分比）/均值（标准差）	总计频数（百分比）/均值（标准差）
补偿性政策知晓度	612a	农村居民最低生活保障	2.66（0.558）	2.55（0.623）	2.58（0.609）
		新型农村合作医疗	2.68（0.551）	2.73（0.504）	2.71（0.519）
		新型农村社会养老保险	2.61（0.545）	2.62（0.568）	2.62（0.555）
		农业保险保费补贴	2.25（0.760）	2.04（0.796）	2.12（0.784）
		农村危房改造补贴	2.31（0.682）	2.19（0.661）	2.23（0.671）
		退耕还林还草补贴	2.28（0.677）	2.23（0.692）	2.25（0.686）
		残疾人补贴	2.27（0.663）	2.15（0.647）	2.19（0.653）
补偿性政策满意度	612c	农村居民最低生活保障	2.59（0.599）	2.47（0.609）	2.48（0.625）
		新型农村合作医疗	2.67（0.540）	2.70（0.518）	2.68（0.535）
		新型农村社会养老保险	2.58（0.562）	2.62（0.556）	2.61（0.556）
		农业保险保费补贴	2.42（0.565）	2.30（0.520）	2.33（0.543）
		农村危房改造补贴	2.36（0.554）	2.24（0.549）	2.28（0.553）
		退耕还林还草补贴	2.31（0.562）	2.28（0.553）	2.30（0.556）
		残疾人补贴	2.34（0.521）	2.27（0.496）	2.29（0.504）

（2）发展性政策认知各变量的描述性统计

表 4-7 表现了不同类别农户对发展性政策认知状况的差异。

在知晓度方面，贫困农户对于扶贫技术指导或农副业生产帮扶政策的知晓度与脱贫农户相当，对于子女义务教育补贴政策、土地流转政策的知晓度要高于脱贫农户，脱贫农户对于农业生产或外出打工技能培训政策的知晓度要高于贫困农户。

在满意度方面，贫困农户对于扶贫技术指导或农副业生产帮扶政策、农业生产或外出打工技能培训政策、子女义务教育补贴政策、土地流转政策的满意度均高于脱贫农户。

总体而言，在发展性政策认知方面，贫困农户对于发展性政策的知晓度与满意度均相对高于脱贫农户。在发展性政策中，贫困农户与脱贫农户对于子女义务教育补贴政策的知晓度和满意度相对较高，对于农业生产或外出打工技能培训的知晓度和满意度相对较低。

表 4-7　发展性政策认知各变量的描述性统计

变量		题项和内容	贫困农户频数（百分比）/均值（标准差）	脱贫农户频数（百分比）/均值（标准差）	总计频数（百分比）/均值（标准差）
发展性政策知晓度	601 604 612a	扶贫技术指导或农副业生产帮扶	2.19（0.799）	2.19（0.847）	2.17（0.841）
		农业生产或外出打工技能培训	2.02（0.850）	2.07（0.813）	2.04（0.830）
		子女义务教育补贴	2.34（0.719）	2.28（0.700）	2.31（0.706）
		土地流转	2.31（0.721）	2.14（0.728）	2.21（0.725）
发展性政策满意度	603 606 612c	扶贫技术指导或农副业生产帮扶	2.25（0.746）	2.17（0.772）	2.19（0.760）
		农业生产或外出打工技能培训	2.09（0.730）	2.04（0.766）	2.05（0.752）
		子女义务教育补贴	2.44（0.582）	2.41（0.539）	2.41（0.558）
		土地流转	2.31（0.592）	2.29（0.529）	2.29（0.557）

4.3　小结

本章首先详细介绍了数据的采集和整理过程。在此基础上，对生计资本、生计策略、生计结果、脆弱性、政策认知等分析框架中包含的主要变量进行了描述性统计。本章的主要结论如下。

（1）相比贫困农户，脱贫农户的人力资本、社会资本和金融资本相对更丰富。贫困农户在家庭规模、受教育程度、健康状况以及工作能力等方面拥有的资本水平要显著低于脱贫农户。同时，贫困农户获得的社会支持、自身的社会网络以及参与的社会组织都相对较少，且家庭储蓄也少于脱贫农户。

（2）在众多的生产活动中，贫困农户与脱贫农户选择农作物种植的比例最高，相较而言，贫困农户选择农作物种植、畜牧、林业和渔业的比例比脱贫农户高，但选择非农打工和家庭经营活动的比例比脱贫农户要低，可以看出脱贫农户对生计策略多样化的接受程度比贫困农户更高，除了农业活动外，脱贫农户更愿意尝试非农业性的生产活动。

（3）整体上，贫困农户与脱贫农户收入情况较上年无明显变化的比例最高。但脱贫农户收入增加的比例显著高于贫困农户。脱贫农户的食物安全程度高于贫困农户，但贫困农户的幸福感却高于脱贫农户。同时，无论农户是否脱贫，其环保意识仍然有待增强。

（4）相比之下，贫困农户家庭生产的农产品易受周期性、季节性影响而减产，而脱贫农户家庭更易遭受临时性的大额支出及政策性的丧失土地的冲击。可见，虽然脱贫农户收入提高，生活较稳定，但是也不能忽视脆弱性环境对其发展的影响。

（5）在补偿性政策认知方面，贫困农户对于补偿性政策的认知水平显著高于脱贫农户。在知晓度层面，农户对于新型农村合作医疗政策、新型农村社会养老保险政策、农村居民最低生活保障政策的知晓度较高，对于农业保险保费补贴政策的知晓度最低。在满意度层面，农户对于新型农村合作医疗政策、新型农村社会养老保险政策、农村居民最低生活保障政策的满意度较高，贫困农户对于退耕还林还草补贴政策的满意度最低，脱贫农户对于农村危房改造补贴政策的满意度最低。

（6）在发展性政策认知方面，贫困农户与脱贫农户对于发展性政策认知水平相对较低。在知晓度层面，贫困农户与脱贫农户对子女义务教育补贴政策的知晓度最高，对于农业生产或外出打工技能培训政策的知晓度最低，贫困农户对于土地流转政策的知晓度高于脱贫农户。在满意度层面，贫困农户与脱贫农户对于子女义务教育补贴政策的满意度最高，对于农业生产或外出打工技能培训政策的满意度最低，贫困农户对于扶贫技术指导或农副业生产帮扶政策的满意度高于脱贫农户。

第 5 章　脆弱性、生计资本对农村脱贫人口生计策略的影响

本章主要利用第 4 章收集的数据，依据第 3 章的农村脱贫人口可持续生计分析框架，就外部环境中的脆弱性和生计资本对农村脱贫人口生计策略的影响进行深入分析。本章主要包括三个部分：一是研究设计，主要对相关变量进行设置，确定分析策略并介绍研究方法；二是对不同类别农户的生计策略影响因素进行比较；三是从脆弱性和生计资本两个方面对生计策略的影响因素进行深入分析。

5.1　研究设计

在农村脱贫人口可持续生计分析框架中，生计资本只有通过生计策略才能发挥作用，良性的生计策略会产生良好的生计结果，进而再去影响下一轮生计循环。通常情况下，农户拥有生计资本的存量越多，意味着生计策略的选择越多样化，同时在各种策略之间能够灵活转换，从而实现更好的生计结果。以政策为代表的结构和过程转变以及脆弱性是影响生计分析的外部环境，它们与生计资本、生计策略和生计结果一起构成了生计分析的总体框架。相比较而言，脆弱性对脱贫农户生计的影响比较直接，它多发生在日常生产和生活中，关乎农户的直接利益。结合上述分析，本章重点考察脆弱性、生计资本和生计策略三者的关系。希望在了解脱贫农户生计资本对生计策略影响的基础上，加入脆弱性变量，对比研究脆弱性、生计资本对生计策略的影响。

5.1.1 变量设置

(1) 因变量

本章因变量为生计策略，借鉴以往文献有关农户生计类型划分标准（乌云花等，2017），生计策略题项通过询问农户"你家目前从事哪种生产经营活动"，答案为"1＝农作物种植；2＝畜牧养殖；3＝水产养殖；4＝林作物种植；5＝非农打工；6＝家庭经营活动"。农户根据其家庭主要从事的生产经营活动类型进行选择。在研究中，按照生计活动类型对农户生计策略进行划分，并对题项做处理生成新的生计策略变量。研究将农户生计策略分成纯农型生计策略、非农型生计策略和多样化生计策略。

纯农型生计策略是指农户家庭完全从事农业生产活动，依赖于耕地面积以及农业生产能力的高低。主要种植小麦、玉米、蔬菜、茶叶、苹果、核桃、落叶松等农林作物，以猪、家禽（鸡、鸭）、羊、牛等畜牧养殖为主，在这一类家庭中，劳动力数量较少，既不从事打工活动也不从事非农经营，农业收入为农户家庭最主要的收入来源。因此，在本书中，纯农型生计策略用在原题项应答中选择了农作物种植、畜牧养殖、水产养殖、林作物种植中的任一项或多项，而未选择非农打工或家庭经营活动来表示。

非农型生计策略则是指农户家庭完全脱离农业活动，家庭劳动力较多且身体健康，主要从事非农活动，常年在外打工或者开展家庭经营，它与纯农型生计策略相比，自然资本的变化不会影响收入。因此，在本书中，非农型生计策略用在原题项应答中选择了非农打工或家庭经营活动中的任一项或多项，而未选择农作物种植、畜牧养殖、水产养殖、林作物种植来表示。

多样化生计策略的农户家庭除了从事农业生产活动，剩余劳动力也会外出务工或者从事个体经营活动，家庭存款不仅包括经营性收入（种植业、养殖业），还包括其他工资性收入（务工收入等）及其他副业类收入。多样化生计策略更好地将土地与打工相结合，收入来源也越来越多样，从而有利于减少生计的脆弱性以实现可持续生计（韦惠兰、祁应军，2016）。因此，在本书中，多样化生计策略用在原题项应答中选择了农作物种植、畜牧养殖、水产养殖、林作物种植中的任一项或多项，且选择了非农打工或家庭经营活动中的一项或多项来表示。

(2) 自变量

脆弱性。农户在生产生活中会遭受多种脆弱性冲击，一般脆弱性包括外部冲击、趋势和周期性。外部冲击选择家庭事件冲击，主要通过询问"近三年家庭是否发生了建房或买房、婚丧嫁娶、子女上大学（大中专）等事件"，答案用"1＝是；2＝否"来测量；趋势选择政策发展趋势，通过询问农户"近三年家庭是否因拆迁、退耕还林等政策而丧失了土地"，答案用"1＝是；2＝否"来测量；周期性通过询问农户"近三年家庭生产的农（林、畜、水）产品的产量是否减少"，答案用"1＝是；2＝否"来测量。

生计资本。本书调研对象选取了农户家庭的户主，一方面户主比较了解家庭资产情况且对资产的使用处于支配地位；另一方面，户主自身的资本情况在一定程度上能够反映家庭的资本情况。因此，在选择生计资本各指标时，不仅充分借鉴与参考学者对生计资本指标的已有设置，同时也根据所调查的脱贫人口生计资本情况做了必要的取舍，具体指标确定如下。

人力资本通过脱贫人口的身体健康情况、受教育程度和劳动力数量这三个指标来衡量。其中，身体健康情况为定序变量，通过询问"您的身体健康状况如何"，答案为"1＝非常好；2＝好；3＝一般；4＝不好；5＝非常不好"五个级别进行测量，在研究中根据研究需要对于该题项进行了反向赋值，令"1＝非常不好；2＝不好；3＝一般；4＝好；5＝非常好"后，将选项1和选项2合并，选项3不变，选项4和选项5合并，处理后以"1＝差；2＝中；3＝好"三个级别来测度。农户受教育程度为定序变量，通过询问"您目前的受教育程度"，以"1＝没上过学；2＝小学；3＝初中；4＝高中（含中专、技校）；5＝本科（大专）及以上"五个级别加以测量；劳动力数量为连续变量，通过询问农户家庭在家务农多少人和常年在外打工多少人，将这两种农户数量相加，整合成一个变量来测量。

自然资本主要通过耕地面积一个指标来测量，耕地面积为连续变量。通过询问"家中可使用的耕地（粮田、菜地）面积"来加以测量。

金融资本主要通过农户的家庭存款总额和当农户家庭需要钱时，是否能从银行或信用社获得贷款这两个指标来衡量，其中，家庭存款总额为定序变量，通过询问"您家目前存款总额约为多少"，答案为"1＝无；2＝1~9999元；3＝10000~19999元；4＝20000~29999元；5＝30000元以上"

加以测量；贷款机会为分类变量，通过询问"当您需要钱时，是否能从银行或信用社获得贷款"，答案以"1＝是；2＝否"两个维度来进行测度。

物质资本通过农户房间数量、住房结构和农户家庭拥有生产性工具种类三个指标来测量，结合农村生产生活情况，房间数量为定序变量，通过询问农户"您家住房有几间"，答案为"1＝一间；2＝两间；3＝三间；4＝四间；5＝五间及以上"；住房结构为定序变量，通过询问农户"您家的房屋结构"来对农户家庭的住房结构进行判断，答案为"1＝钢筋混凝土；2＝砖瓦砖木结构；3＝砖混结构；4＝竹草土坯；5＝其他"，将选项合并处理后得到"1＝差（竹草土坯）；2＝中（砖混结构、砖瓦砖木结构）；3＝好（钢筋混凝土）"三类；农户家庭拥有生产性工具种类通过询问农户"您家拥有的生产性工具、交通工具或耐用品有哪些"，将生产性工具通过处理得到"1＝无；2＝役畜如牛、马；3＝农用车；4＝农用水泵；5＝农用电动机；6＝电力助力车"六类来测量。

社会资本通过农户家庭成员中是否有村干部和是否加入过专业合作组织（农民合作社）这两个指标来衡量，均为分类变量，分别通过询问"您的家庭成员中是否有村干部"和"您是否加入过专业合作组织（农民合作社）"，答案都以"1＝是；2＝否"两个维度来进行测度。

因变量和自变量的基本信息见表5-1。

表 5-1　变量基本信息

变量	变量描述
因变量	
生计策略	1＝纯农型
	2＝非农型
	3＝多样化
自变量	
脆弱性	
外部冲击	
近三年家庭是否发生了建房或买房、婚丧嫁娶、子女上大学（大中专）等事件	1＝是
	2＝否

续表

变量	变量描述
趋势	
近三年家庭是否因拆迁、退耕还林等政策而丧失了土地	1 = 是
	2 = 否
周期性	
近三年家庭生产的农（林、畜、水）产品的产量是否减少	1 = 是
	2 = 否
生计资本	
人力资本	
身体健康情况	1 = 差
	2 = 中
	3 = 好
受教育程度	1 = 没上过学
	2 = 小学
	3 = 初中
	4 = 高中（含中专、技校）
	5 = 本科（大专）及以上
劳动力数量	在家务农人数+在外打工人数，连续变量
自然资本	
耕地面积	家中可使用的耕地面积，连续变量
金融资本	
家庭存款总额	1 = 无
	2 = 1~9999 元
	3 = 10000~19999 元
	4 = 20000~29999 元
	5 = 30000 元及以上
贷款机会	1 = 有贷款机会
	2 = 无贷款机会
物质资本	
房间数量	1 = 一间
	2 = 两间
	3 = 三间
	4 = 四间
	5 = 五间及以上

续表

变量	变量描述
住房结构	1=差（竹草土坯）
	2=中（砖混结构、砖瓦砖木结构）
	3=好（钢筋混凝土）
生产性工具种类	1=无
	2=役畜（如牛、马）
	3=农用车
	4=农用水泵
	5=农用电动机
	6=电力助力车
社会资本	
家庭成员中是否有村干部	1=是
	2=否
是否加入过专业合作组织（农民合作社）	1=是
	2=否

5.1.2 分析策略

为了描述贫困农户与脱贫农户脆弱性环境、生计资本和生计策略状况，本章将综合采用交叉表分析和独立样本 T 检验等分析方法对比分析贫困农户和脱贫农户在脆弱性环境、生计资本状况及生计策略等方面的不同。

为了分析脆弱性、生计资本对生计策略的影响，本章建立了两组回归模型。第一组模型以生计策略为因变量，根据生计策略为分类变量的特点，采用多项 Logistic 回归的分析方法，以脱贫农户和贫困农户的生计资本各指标为自变量进行影响对比分析。第二组模型同样以生计策略为因变量，将脱贫农户和贫困农户脆弱性、生计资本相关指标纳入模型，进行多项 Logistic 回归，对结果进行对比分析。

5.1.3 方法

Logistic 回归模型常被用于实证分析，基于研究的因变量为三分类变量，且类别之间无序次关系，针对脆弱性环境、生计资本与生计策略间的关系，将以纯农型（Y_1）作为参照，运用 SPSS22.0 构建多项式 Logistic 回归模型，具体见公式（5-1）、公式（5-2）：

$$\ln(P_{y2}/P_{y1}) = b_{210}+b_{211}X_1+\cdots,+b_{21m}X_i \quad (5-1)$$

$$\ln(P_{y3}/P_{y1}) = b_{310}+b_{311}X_1+\cdots,+b_{31m}X_i \quad (5-2)$$

式中，P_{y1}为纯农型生计策略，P_{y2}为非农型生计策略，P_{y3}为多样化生计策略，X_1、X_2、…、X_i为解释变量，即为生计资本和脆弱性具体指标的值。b_{210}、b_{310}为常数项，b_{211}，b_{21m}，b_{310}，b_{310}，…，b_{31m}为待估计系数，它用于因一单位自变量的变化而引起的因变量的变化。如果待估计系数大于0，则意味着在其他变量保持不变的情况下，发生率随对应自变量的增加而增加；相反，如果待估计系数小于0，则意味着发生率随对应自变量的增加而减少（谢花林，2011）。研究采用 SPSS22.0 中的 Binary Logistic Regression 计算出待估计系数、显著性水平 p 和 Wald 统计量、自由度 df 等参数，其中 Wald 统计量用来评估每个解释变量对事件预测的贡献。同时，使用 Homsmer-Lemeshow 指标测试模型拟合的良好程度（张萍、沈晓婷，2015）。

公式（5-1）、公式（5-2）中因变量（Y）为农户生计策略，所以因变量为纯农型生计策略（Y_1）、非农型生计策略（Y_2）和多样化生计策略（Y_3）三种类型。自变量（X）为农户的生计资本和脆弱性。生计资本包括人力资本中劳动力身体健康情况（X_1）、受教育程度（X_2）和劳动力数量（X_3）三个指标；自然资本采用耕地面积（X_4）来测度；金融资本采用家庭存款总额（X_5）和银行或信用社获得贷款机会（X_6）两个指标来衡量；物质资本包括房间数量（X_7）、住房结构（X_8）和生产性工具种类（X_9）三个指标；社会资本采用家庭成员中是否有村干部（X_{10}）和是否加入过专业合作组织（X_{11}）两个指标来衡量。脆弱性包括农户家庭近三年是否发生了建房或买房、婚丧嫁娶、子女上大学（大中专）等事件（X_{12}），近三年是否因拆迁、退耕还林等政策而丧失了土地（X_{13}）及近三年来家庭生产的农（林、畜、水）产品的产量是否减少（X_{14}）。以上共14个自变量指标。

5.2 脱贫人口的生计策略及其影响因素描述

5.2.1 脆弱性状况

表5-2反映了不同类别农户所遭受的脆弱性环境状况的差异，分别包

括冲击、趋势和周期性三个方面。

在冲击方面，近三年贫困农户家庭遭受建房或买房、婚丧嫁娶、子女上大学（大中专）等事件冲击的有92人，占32.4%；脱贫农户家庭遭受建房或买房、婚丧嫁娶、子女上大学（大中专）等事件冲击的有159人，占32.3%。可以看出，贫困农户受到临时性大额支出冲击的比例略高于脱贫农户。

在趋势方面，近三年贫困农户中因拆迁、退耕还林等政策而丧失了土地的有45人，占15.9%；脱贫农户中因拆迁、退耕还林等政策而丧失了土地的有85人，占17.2%。可以看出，脱贫农户因拆迁、退耕还林等政策而丧失了土地的比例要高于贫困农户。

在周期性方面，近三年来贫困农户中家庭生产的农（林、畜、水）产品产量减少的有79人，占29.4%；脱贫农户中近三年来家庭生产的农（林、畜、水）产品产量减少的有60人，占12.6%。可以看出，贫困农户家庭生产的农（林、畜、水）产品产量减少的比例要高于脱贫农户。

表5-2 不同类别农户脆弱性状况

指标	贫困农户频数（百分比）	脱贫农户频数（百分比）	差异性检验
近三年家庭是否发生了建房或买房、婚丧嫁娶、子女上大学（大中专）等事件	284（100%）	492（100%）	*
是	92（32.4%）	159（32.3%）	
否	192（67.6%）	333（67.7%）	
近三年家庭是否因拆迁、退耕还林等政策而丧失了土地	283（100%）	494（100%）	*
是	45（15.9%）	85（17.2%）	
否	238（84.1%）	409（82.8%）	
近三年家庭生产的农（林、畜、水）产品的产量是否减少	269（100%）	475（100%）	***
是	79（29.4%）	60（12.6%）	
否	190（70.6%）	415（87.4%）	

注：+$p<0.1$，*$p<0.05$，**$p<0.01$，***$p<0.001$，无标注表示不显著。

5.2.2 生计资本状况

表5-3反映了不同类别农户五种生计资本的差异情况。在人力资本方面，贫困农户与脱贫农户在身体健康状况、受教育程度及劳动力数量方面都存在显著差异。在身体健康情况方面，贫困农户身体健康情况中等的比例最高，有116人，占43.8%，其次是差的有77人，占29.1%，最后是身体健康情况好的有72人，占27.1%；脱贫农户身体健康情况好的比例最高，有220人，占45.2%，其次是中等，有167人，占34.4%，最后是身体健康情况差的农户有99人，占20.4%。通过对比可以看出，脱贫农户身体健康情况要显著好于贫困农户，这对脱贫农户选择不同生计策略起着重要作用。在受教育程度方面，贫困农户中，小学学历的最多，有108人，占40.9%，其次是初中学历的，有78人，占29.5%，再次是没上过学的，有56人，占21.2%，高中及以上学历的贫困农户仅有22人，占8.4%；脱贫农户中初中学历的最多，有176人，占36.2%，其次是小学学历的，有170人，占35.0%，再次是没上过学的，有77人，占15.8%，高中及以上学历的脱贫农户有63人，占13.0%。脱贫农户受教育程度要略高于贫困农户，接受新政策新知识的能力相对较强。从劳动力数量来看，贫困农户家庭平均劳动力数量为1.77人，脱贫农户家庭平均劳动力数量为2.44人，相对而言，脱贫农户家庭的劳动力更为充沛。总体来说，贫困农户在身体健康情况、受教育程度和劳动力数量方面的人力资本水平显著低于脱贫农户。

在自然资本方面，贫困农户家庭和脱贫农户家庭平均耕地面积不存在显著差异，贫困农户家庭平均耕地面积为4.009亩，脱贫农户家庭平均耕地面积为4.720亩，脱贫农户拥有耕地面积略大于贫困农户。

在金融资本方面，贫困农户和脱贫农户在家庭存款总额和贷款机会方面都存在显著性差异。对于家庭存款总额，贫困农户家中无存款的有118人，占49.4%，其次是1~1999元的有82人，占34.3%，再次是10000~19999元的有22人，占9.2%，存款20000元及以上的农户仅有17人，占7.1%；脱贫农户家庭存款在1~9999元的最多，有161人，占37.2%，其次是没有存款的农户有137人，占31.6%，再次是存款10000~19999元的农户有65人，占15.0%，存款20000元及以上的农户有70人，占16.2%。通过对比可以看出，脱贫农户的存款总额要大于贫困农户。从银行或信用社的贷款机会来看，123名贫困农户有贷款机会，占49.0%，而脱贫农户有280人有贷款机会，占59.2%，脱贫农户能够从银行或信用社贷款的概率要高于贫困农户。总的来说，脱贫农户的金融资本水平要高于贫困农户。

在物质资本方面，贫困农户与脱贫农户在房间数量、住房结构和生产性工具种类方面存在明显差异。从住房数量来看，贫困农户拥有三间房的人数最多，有98人，占38.0%，其次是拥有两间房的有55人，占21.3%，再次是拥有四间房的有49人，占19.0%，拥有一间房或者五间房及以上的贫困农户各有21人和35人，占8.1%和13.6%；脱贫农户也是拥有三间房的人数最多，有148人，占30.5%，其次是拥有四间房的，有147人，占30.2%，再次是拥有五间及以上的，有118人，占24.3%，最后是拥有两间房及以下的，有73人，占15.0%。可以看出，脱贫农户房间数量要多于贫困农户。从住房结构来看，贫困农户及脱贫农户房间结构中等（砖混结构、砖瓦砖木结构）的最多，分别是206人和326人，占78.6%和67.1%，其次是房间结构好（钢筋混凝土）的农户，分别是31人和134人，占11.8%和27.6%，最后是房间结构差（竹草土坯）的农户，分别是25人和26人，占9.6%和5.3%，可以看出，贫困农户与脱贫农户的住房结构总体较好。从拥有的生产性工具种类来看，贫困农户和脱贫农户家中无生产性工具的最多，分别是165人和288人，占65.0%和59.8%，其次是拥有役畜（如牛、马）的农户，分别是71人和153人，占28.0%和31.7%，再次是拥有农用车的农户，分别是17人和28人，占6.7%和5.8%，拥有农用水泵、农用电动机和电力助力车的人数较少，分别有1人和13人，占比0.3%和2.7%，可以看出贫困农户与脱贫农户拥有的生产性工具较少，但是脱贫农户拥有的数量和种类都要多于贫困农户。总的来看，脱贫农户的物质资本水平要高于贫困农户。

在社会资本方面，贫困农户与脱贫农户在家庭成员中是否有村干部和是否加入过专业合作组织（如农民合作社）方面存在明显差异。贫困农户家庭成员中有村干部的有11人，占4.4%；脱贫农户家庭成员中有村干部的有 42 人，占 8.8%。可以看出，脱贫农户家庭成员中有村干部的要多于贫困农户。对于是否加入过专业合作组织，贫困农户家庭中有 100 人选择"是"，占 40.8%，脱贫农户家庭中有 131 人选择"是"，占 27.5%。可以看出，贫困农户家庭加入过专业合作组织的比例较高。

表 5-3 不同类别农户生计资本状况

指标	贫困农户频数（百分比）/均值（标准差）	脱贫农户频数（百分比）/均值（标准差）	差异性检验
身体健康情况	265（100%）	486（100%）	***
差	77（29.1%）	99（20.4%）	
中	116（43.8%）	167（34.4%）	
好	72（27.1%）	220（45.2%）	
受教育程度	264（100%）	486（100%）	*
没上过学	56（21.2%）	77（15.8%）	
小学	108（40.9%）	170（35.0%）	
初中	78（29.5%）	176（36.2%）	
高中（含中专、技校）	15（5.7%）	52（10.7%）	
本科（大专）及以上	7（2.7%）	11（2.3%）	
劳动力数量	1.77（1.230）	2.44（1.366）	**
耕地面积	4.009（5.715）	4.720（6.644）	
家庭存款总额	239（100%）	433（100%）	***
无	118（49.4%）	137（31.6%）	
1~9999 元	82（34.3%）	161（37.2%）	
10000~19999 元	22（9.2%）	65（15.0%）	
20000~29999 元	9（3.8%）	35（8.1%）	
30000 元及以上	8（3.3%）	35（8.1%）	
银行或信用社贷款机会	251（100%）	473（100%）	**
有贷款机会	123（49.0%）	280（59.2%）	

续表

指标	贫困农户频数（百分比）/均值（标准差）	脱贫农户频数（百分比）/均值（标准差）	差异性检验
无贷款机会	128（51.0%）	193（40.8%）	
房间数量	258（100%）	486（100%）	***
一间	21（8.1%）	23（4.7%）	
两间	55（21.3%）	50（10.3%）	
三间	98（38.0%）	148（30.5%）	
四间	49（19.0%）	147（30.2%）	
五间及以上	35（13.6%）	118（24.3%）	
住房结构	262（100%）	486（100%）	***
差（竹草土坯）	25（9.6%）	26（5.3%）	
中（砖混结构、砖瓦砖木结构）	206（78.6%）	326（67.1%）	
好（钢筋混凝土）	31（11.8%）	134（27.6%）	
生产性工具种类	254（100%）	482（100%）	*
无	165（65.0%）	288（59.8%）	
役畜（如牛、马）	71（28.0%）	153（31.7%）	
农用车	17（6.7%）	28（5.8%）	
农用水泵	1（0.3%）	7（1.5%）	
农用电动机	0（0.0%）	4（0.8%）	
电力助力车	0（0.0%）	2（0.4%）	
家庭成员中是否有村干部	251（100%）	477（100%）	*
是	11（4.4%）	42（8.8%）	
否	240（95.6%）	435（91.2%）	
是否加入过专业合作组织（农民合作社）	245（100%）	476（100%）	***
是	100（40.8%）	131（27.5%）	
否	145（59.2%）	345（72.5%）	

注：+ $p<0.1$，* $p<0.05$，** $p<0.01$，*** $p<0.001$，无标注表示不显著。

5.2.3 生计策略状况分析结果

表 5-4 展示了贫困农户与脱贫农户生计策略选择状况。贫困农户与脱贫农户在生计策略的选择上存在显著差异。贫困农户选择纯农型生计策略的最多,有 155 人,占 60.8%;其次是选择多样化生计策略的,有 48 人,占 18.8%;最后是选择非农型生计策略的,有 52 人,占 20.4%。脱贫农户选择纯农型生计策略的人数最多,有 200 人,占 43.0%;其次是选择多样化生计策略的,有 140 人,占 30.1%;最后是选择非农型生计策略的,有 125 人,占 26.9%。可以看出,贫困农户与脱贫农户都较多选择以农业为主的纯农型生计策略,但选择纯农型生计策略的脱贫农户比例明显低于贫困农户,而脱贫农户选择非农型生计策略和多样化生计策略的比例则明显高于贫困农户,脱贫农户的生计策略更加积极和多样化。

表 5-4 生计策略情况

	贫困农户频数(百分比)	脱贫农户频数(百分比)	差异性检验
纯农型生计策略	155(60.8%)	200(43.0%)	
非农型生计策略	52(20.4%)	125(26.9%)	***
多样化生计策略	48(18.8%)	140(30.1%)	

注:+ $p<0.1$,* $p<0.05$,** $p<0.01$,*** $p<0.001$,无标注表示不显著。

5.3 脆弱性、生计资本对生计策略的影响

5.3.1 生计资本对生计策略的影响

运用公式(5-1)和公式(5-2),以纯农型生计策略为参照,用 SPSS22.0 对全体农户生计策略进行多项 Logistic 回归分析,结果如表 5-5 所示。

从表 5-5 回归结果可以看出,模型似然比检验的 p 值小于 0.001,原假设被拒绝,说明被引入该模型中的自变量至少有一个系数不为 0,表明该模型整体有意义(甘源,2019)。生计资本指标对生计策略影响的似然比卡方值为 158.595,自由度为 22,而且,比起仅有截距时的模型,最终

模型的对数似然比由1080.798降为922.203，这表明加入变量后的模型比截距模型好，进一步说明引入变量后的模型总体上是有意义的。

以纯农型生计策略为参考，根据表5-5非农型生计策略（Y_2）回归结果显示，人力资本中身体健康情况在1%的统计水平上对生计策略的选择具有显著正向影响，农户家庭身体健康水平每提升1个单位，农户选择从事非农型生计策略的概率就会增加1.650。身体素质良好的农户会通过外出务工来增加收入。劳动力数量在0.1%的统计水平上对生计策略选择有显著负向影响，农户家庭劳动力数量每增加1个单位，农户选择从事纯农型生计策略的概率会增加0.634。事实上，劳动力是决定农业生产力的基础性要素（彭林园，2019），根据描述性数据分析，农户家庭劳动力数量较少，当劳动力暂时增多时，会更多地投入到农业生产中以期获得农业经营收入，且在农户外出务工的机会成本不断增加的背景下，劳动力数量多的农户家庭寄希望于通过农业生产来解决部分劳动力就业难的问题，会更多地选择纯农型生计策略（蔡洁等，2017）。自然资本中的耕地面积在5%的统计水平上对生计策略选择有显著负向影响，农户家庭耕地面积数量每增加1个单位，全体农户选择纯农型生计策略的概率就会增加0.942。耕地规模等自然资本的获得，是阻碍生计从农业向非农业活动过渡的重要因素（张萍、沈晓婷，2015），耕地面积的增加为农户从事农业活动提供了独特的条件，决定了农业生产的人力投入和物质投入（伍艳，2015），农户更容易将农业生产活动作为主要的收入来源，这与韦惠兰、祁应军（2016）的研究结论一致。金融资本中农户家庭目前存款总额在0.1%的统计水平上对生计策略选择有显著正向影响，存款总额每增加1个单位，全体农户选择非农型的概率就会增加1.634。存款总额的数量基于家庭总收入的高低，对于高收入农户来说，在满足基本生活需求后，他们便不再局限于农业活动，而是通过从事家庭经营以及外出打工等一系列非农型生计策略的工作来拓宽收入渠道，提高存款总额（刘璐璐、李锋瑞，2020）。物质资本中房间数量在1%的统计水平上对生计策略选择有显著正向影响，房间数量每增加1个单位，全体农户选择非农型的概率就会增加1.422，农户家庭的房间越多，往往意味着可支配的家庭资产就越多，从而表现出更积极的生计策略。相反，农户家庭拥有生产性工具在1%的统计水平上对生计策略选择有显著负向影响，拥有生产性工具每增加1个单位，农户选择纯农型生计策略的概率就会增加0.558。生产性工具如牛、马、农用车等对依赖土地生产的农户家庭至关重要，通过生产工具的使用，改变了生产方式，提高了生产效率，农户留在农村从事熟悉的传统纯农型生计策略的意愿就会增强，蒙吉军等（2013）的研究中对于这一结论也有体现。社会资本的家庭成员中是否有村干部在10%的统计水平上对生计策略选择有显著负向影响，农户家庭成员中有村干部每增加1个单位，选择纯农型生计策略的概率就会增加0.327，家庭成员中有村干部往往意味着拥有更多的社会资源，且对国家及地方政策了解更全面，能够更好地推动农业发展。家庭成员是否加入过专业合作组织在1%的统计水平上对生计策略选择有显著负向影响，加入过专业合作组织的比例每提升1个单位，全体农户选择纯农型生计策略的概率就会增加0.400。这可能是由于目前农民专业合作社多数从事农业生产和农产品生产销售，农民加入这类合作社会促进他们从事农业生产（李禹萱，2018）。

以纯农型生计策略为参照，根据表5-5多样化生计策略（Y_3）回归结果可知，人力资本中身体健康情况在5%的统计水平上对生计策略的选择有显著正向影响，身体健康水平每提升1个单位，农户选择多样化生计的概率就会增加1.433。身体健康的农户能够更好地兼顾农业生产和非农生产，进而选择多样化生计策略。劳动力数量在10%的统计水平上对生计策略选择有显著正向影响，农户家庭劳动力数量每增加1个单位，农户选择多样化生计的概率就会增加1.160。这是因为随着农户劳动力数量的增多，家庭剩余劳动力不可能在农业生产上"坐以待毙"，从而必然外溢到其他产业或者地方进行生产生活。金融资本中家庭存款总额和是否能从银行或信用社获得贷款分别在1%和5%的统计水平上对生计策略的选择有显著正向促进影响，这两种变量每增加1个单位，全体农户选择多样化生计的概率就会增加1.302和1.752。对于家庭存款总额较高的农户家庭来说，因其收入较稳定，偿还借款的能力较强，获得银行或信用社贷款的机会就越多，也越可能将获得的贷款用于从事家庭经营增加收入，实现生计策略多样化，这与伍艳（2016）的研究结论一致。物质资本中房间数量在0.1%的统计水平上对生计策略的选择有显著正向促进作用，房间数量每增加 1 个单位，农户选择多样化生计策略的概率就会增加 1.806。事实上，家庭房屋资产和存款总额类似，一直是生计选择的"压舱石"，它们的不断增加，往往会推动农户生计策略日益转向"积极主动"。

表 5-5　生计资本对生计策略的影响（全体农户）

自变量	自变量指标	因变量［以纯农型（Y_1）为参照］					
^	^	非农型（Y_2）			多样化（Y_3）		
^	^	B	显著性	Exp（B）	B	显著性	Exp（B）
生计资本 人力资本	身体健康情况（X_1）	0.501	0.005**	1.650	0.360	0.016*	1.433
^	受教育程度（X_2）	0.103	0.136	1.108	0.109	0.360	1.115
^	劳动力数量（X_3）	−0.456	0.000***	0.634	0.149	0.073+	1.160
金融资本	您家目前存款总额约为多少（X_5）	0.491	0.000***	1.634	0.264	0.008**	1.302
^	当您需要钱时，是否能从银行或信用社获得贷款（X_6）	−0.318	0.233	0.727	0.561	0.017*	1.752
物质资本	房间数量（X_7）	0.352	0.005**	1.422	0.591	0.000***	1.806
^	住房结构（X_8）	0.112	0.671	1.118	0.138	0.554	1.148
^	农户家庭拥有的生产性工具有哪些（X_9）	−0.584	0.003**	0.558	−0.113	0.423	0.893
社会资本	家庭成员中是否有村干部（X_{10}）	−1.117	0.085+	0.327	−0.065	0.869	0.937
^	是否加入过专业合作组织（X_{11}）	−0.916	0.004**	0.400	0.155	0.498	1.168
自然资本	耕地面积（X_4）	−0.060	0.035*	0.942	0.019	0.213	1.019
截距		−2.081	0.008		−5.503	0.000	
模型卡方检验		158.595*** （0.000）（df=22）					
Cox and Snell R^2		0.254					
Nagelkerke R^2		0.294					
−2log likelihood		922.203					

注：+p<0.1，*p<0.05，**p<0.01，***p<0.001，无标注表示不显著。

用 SPSS22.0 对脱贫农户生计策略进行多项 Logistic 回归分析，从表 5-6

的回归结果可以看出，脱贫农户生计资本对生计策略选择影响的模型中似然比检验的 p 值小于 0.001，似然比卡方值为 111.914，自由度为 22，而且，最终模型的对数似然比由 684.960 降为 573.046，说明了模型整体有意义。

以纯农型生计策略为参照，根据表 5-6 非农型生计策略（Y_2）回归结果可知，脱贫农户人力资本中劳动力数量在 0.1% 的统计水平上对生计策略选择有显著负向影响，农户家庭劳动力数量每增加 1 个单位，农户选择纯农型的概率就会增加 0.426。与全体农户对这一指标的解释类似，它反映了农业生产的"基础地位"，无论农户的经济状况如何，都会将增加的劳动力预先考虑投向农业生产。自然资本中耕地面积在 5% 的统计水平上对生计策略选择有显著负向影响，农户家庭耕地面积数量每增加 1 个单位，脱贫农户选择纯农型生计策略的概率就会增加 0.912，事实上，耕地是农户从事农业生产的"沉没成本"，耕地面积增多，必然会促使更有能力和精力的脱贫农户更多地从事农业生产。金融资本中农户家庭目前存款总额在 1% 的统计水平上对生计策略选择有显著正向影响，存款总额每增加 1 个单位，农户选择非农型生计策略的概率就会增加 1.649。物质资本中房间数量在 5% 的统计水平上对生计策略选择有显著正向影响，房间数量每增加 1 个单位，脱贫农户选择非农型生计策略的概率就会增加 1.436，相反，农户家庭拥有生产性工具在 5% 的统计水平上对生计策略选择有显著负向影响，拥有生产性工具每增加 1 个单位，脱贫农户选择纯农型生计策略的概率就会增加 0.546。社会资本中加入过专业合作组织的比例每提升 1 个单位，农户选择纯农型生计策略的概率就会增加 0.388。上述脱贫农户生计资本指标对生计策略影响的解释与全体农户的解释相同。与表 5-5 全体农户非农型生计策略（Y_2）的回归结果做比较，脱贫农户的身体健康情况及家庭成员中是否有村干部两个指标不再显著，可能暗示了脱贫农户在上述两方面的改善。

以纯农型生计策略为参照，根据表 5-6 多样化生计策略（Y_3）回归结果可知，人力资本中身体健康情况和受教育程度分别在 5% 和 10% 的统计水平上对生计策略的选择有显著正向影响，身体健康水平和受教育程度每提升 1 个单位，农户选择多样化生计策略的概率就会增加 1.481 和 1.323。可能是因为身体健康并且文化程度高的农户获取各种信息的能力强，也能够更好地兼顾农业生产和非农生产，进而选择多样化生计策略。金融资本中家庭存款总额和是否能从银行或信用社获得贷款分别在 10% 和 5% 的统计水平上对生计策略的选择有显著正向促进影响，家庭存款和贷款机会每增加 1 个单位，选择多样化生计策略的概率就会分别增加 1.239 和 2.126。物质资本中房间数量在 1% 的统计水平上对生计策略的选择有显著正向影响，房间数量每增加 1 个单位，农户选择多样化生计策略的概率就会增加 1.504。相比较表 5-5 全体农户多样化生计策略（Y_3）的回归结果，脱贫农户的受教育程度指标变为显著。上述结果暗示了脱贫农户更为积极的生计策略和在家庭存款、房产、贷款机会等方面的相对改善。

表 5-6 生计资本对生计策略的影响（脱贫农户）

自变量	自变量指标	因变量［以纯农型（Y_1）为参照］						
		非农型（Y_2）			多样化（Y_3）		
		B	显著性	$Exp(B)$	B	显著性	$Exp(B)$
生计资本 / 人力资本	身体健康情况（X_1）	0.146	0.515	1.157	0.393	0.039*	1.481
	受教育程度（X_2）	0.268	0.524	1.307	0.280	0.071+	1.323
	劳动力数量（X_3）	-0.852	0.000***	0.426	0.099	0.383	1.104
金融资本	您家目前存款总额约为多少（X_5）	0.500	0.002**	1.649	0.214	0.093+	1.239
	当您需要钱时，是否能从银行或信用社获得贷款（X_6）	-0.597	0.101	0.550	0.754	0.011**	2.126
物质资本	房间数量（X_7）	0.362	0.029*	1.436	0.408	0.003**	1.504
	住房结构（X_8）	0.121	0.496	1.129	0.022	0.885	1.022
	农户家庭拥有的生产性工具有哪些（X_9）	-0.606	0.020*	0.546	-0.246	0.163	0.782
社会资本	家庭成员中是否有村干部（X_{10}）	-0.749	0.286	0.473	-0.006	0.989	0.994
	是否加入过专业合作组织（X_{11}）	-0.947	0.038*	0.388	0.335	0.266	1.397
自然资本	耕地面积（X_4）	-0.092	0.026*	0.912	0.013	0.476	1.013

续表

自变量	自变量指标	因变量［以纯农型（Y_1）为参照］					
		非农型（Y_2）			多样化（Y_3）		
		B	显著性	$Exp(B)$	B	显著性	$Exp(B)$
截距		-2.081	0.008		-5.503	0.000	
模型卡方检验		111.914*** （0.000）（df=22）					
Cox and Snell R^2		0.288					
Nagelkerke R^2		0.329					
-2log likelihood		573.046					

注：$^+p<0.1$，$^*p<0.05$，$^{**}p<0.01$，$^{***}p<0.001$，无标注表示不显著。

用 SPSS22.0 对贫困农户生计策略进行多项 Logistic 回归分析，从表 5-7 的回归结果可以看出，贫困农户生计资本对生计策略影响模型似然比检验的 p 值小于 0.001，似然比卡方值为 63.770，自由度为 22，而且，最终模型的对数似然比从 266.529 降为 202.759，进一步说明了引入控制变量后的模型整体有意义。

以纯农型生计策略为参照，根据表 5-7 非农型生计策略（Y_2）回归结果可知，贫困农户人力资本中身体健康情况在 1% 的统计水平上对生计策略选择呈显著正向影响，农户家庭身体健康水平每提升 1 个单位，农户选择非农型生计策略的概率就会增加 3.579。根据描述性结果分析，贫困农户身体健康情况要差于脱贫农户，当身体健康情况变好时，有利于贫困农户生计策略选择的非农化。物质资本中住房结构在 10% 的统计水平上对生计策略选择有显著负向影响，住房结构每提升 1 个单位，农户选择纯农型生计策略的概率就会增加 0.334，这是因为农村危房改造政策解决了大部分贫困农户的安全住房问题，改善了贫困农户的居住条件（李晓宁，2021），使得农户能够安心从事农业生产。社会资本中是否加入过专业合作组织在 5% 的统计水平上对生计策略的选择有显著负向影响，农户家庭成员加入过专业合作组织的比例每提升 1 个单位，农户选择纯农型生计策略的概率就会增加 0.237。此指标与脱贫农户解释相类似，专业合作组织一般会提供农业生产技术等促进贫困农户农业生产发展。

以纯农型生计策略为参照,根据表5-7多样化生计策略(Y_3)回归结果可知,贫困农户金融资本中家庭存款总额和物质资本中房间数量分别在1%和0.1%的统计水平上对生计策略的选择呈显著正向影响,存款总额、房间数量每增加1个单位,贫困农户选择多样化生计策略的概率就会增加1.351和3.474,可以看出,家庭存款总额和房屋资产始终对农户生计策略多样化起重要推动作用,对贫困农户也是如此。

表5-7 生计资本对生计策略的影响(贫困农户)

自变量		自变量指标	因变量 [以纯农型(Y_1)为参照]					
			非农型(Y_2)			多样化(Y_3)		
			B	显著性	$Exp(B)$	B	显著性	$Exp(B)$
生计资本	人力资本	身体健康情况(X_1)	1.275	0.003**	3.579	0.492	0.151	1.635
		受教育程度(X_2)	0.034	0.203	1.109	0.130	0.305	1.139
		劳动力数量(X_3)	−1.113	0.666	0.893	0.289	0.166	1.335
	金融资本	您家目前存款总额约为多少(X_5)	0.067	0.831	1.069	0.626	0.008**	1.351
		当您需要钱时,是否能从银行或信用社获得贷款(X_6)	−0.289	0.622	0.749	−0.288	0.553	0.750
	物质资本	房间数量(X_7)	0.115	0.605	1.168	1.245	0.000***	3.474
		住房结构(X_8)	−1.096	0.080+	0.334	0.210	0.746	1.234
		农户家庭拥有的生产性工具有哪些(X_9)	−0.224	0.637	0.799	0.196	0.568	1.216
	社会资本	家庭成员中是否有村干部(X_{10})	−1.044	0.119	0.352	−0.175	0.680	0.840
		是否加入过专业合作组织(X_{11})	−1.439	0.036*	0.237	−0.049	0.921	0.952
	自然资本	耕地面积(X_4)	−0.019	0.692	0.982	−0.015	0.687	0.986
截距			−0.937	0.594		−8.269	0.000	
模型卡方检验			63.770*** (0.000) ($df=22$)					
Cox and Snell R^2			0.321					

续表

自变量	自变量指标	因变量 [以纯农型 (Y_1) 为参照]				
		非农型 (Y_2)			多样化 (Y_3)		
		B	显著性	$Exp(B)$	B	显著性	$Exp(B)$
Nagelkerke R^2		0.400					
$-2\log likelihood$		202.759					

注：$^+p<0.1$，$^*p<0.05$，$^{**}p<0.01$，$^{***}p<0.001$，无标注表示不显著。

5.3.2 脆弱性环境、生计资本对生计策略的影响

将脆弱性引入公式（5-1）和公式（5-2），以纯农型生计策略为参照，用 SPSS22.0 对全体农户生计策略进行多项 Logistic 回归分析，从表 5-8 的回归结果可以看出，模型似然比检验的 p 值小于 0.001，脆弱性指标、生计资本指标对生计策略影响的似然比卡方值为 194.850，自由度为 28，最终模型的对数似然比降为 870.841，表明模型有意义。

以纯农型生计策略为参照，根据表 5-8 非农生计策略（Y_2）回归结果可知，加入脆弱性环境变量以后，建房或买房、婚丧嫁娶、子女上大学（大中专）等事件冲击在 5% 的统计水平上对生计策略选择有显著正向影响，农户家庭遭受此种冲击的比例每提升 1 个单位，农户选择非农型生计策略的概率就会增加 1.864。这是因为临时性大额支出带来的冲击常常具有突发性，传统的农业生产活动无法短期内增加农户收入，只有通过家庭经营和外出务工的非农型生计策略提高收入来抵御冲击。是否因拆迁、退耕还林等政策而丧失了土地在 10% 的统计水平上对生计策略的选择有显著正向影响，农户家庭面临此种趋势的比例每提升 1 个单位，农户选择非农型生计的概率会增加 1.906。这可能是因为政策性的丧失土地后农户生产结构会从以种植业为主的传统农业向第二、第三产业过渡（王庶、岳希明，2017）。农户的主要收入来源已从政策实施之前的主要粮食和经济作物收入变为政策实施后的外出务工和家庭经营收入，对传统农业的依赖程度有所下降（于伟咏、漆雁斌，2018）。相反，自家生产的农（林、畜、水）产品的产量是否减少在 0.1% 的统计水平上对生计策略选择有显著负向影响，农户家庭面临产量周期波动的比例每提升 1 个单位，农户选择纯

农型生计策略的概率就会增加 0.136。这是因为当农产品因季节性和周期性的外部环境冲击而遭受减产时，农户出于对自然资源的传统依附及自身能力的不足，仍然会继续选择保守的纯农型生计策略来适应现状。

与表 5-5 中非农型生计策略（Y_2）生计资本比较，人力资本中身体健康情况、劳动力数量显著性无明显变化，可以看出身体健康情况及劳动力数量对生计策略的影响并不会因为外部环境而改变。自然资本中耕地面积、物质资本中农户家庭拥有的生产性工具和社会资本中是否加入过专业合作组织对生计策略选择负向显著性增强，实际上，农村是一个亲缘、血缘和地缘构成的典型关系网络社会，对于受到外部环境影响的农户来说，土地面积的增加和生产工具的拥有仍然是农户从事农业生产的"定心丸"，社会资本中的专业合作组织日益成为农业信息分享与资源配置的良好媒介，帮助农户提高抵御冲击的能力，缓解农户家庭脆弱性（车四方等，2019）。金融资本中目前存款总额和物质资本中房间数量正向显著性减弱，主要原因可能是家庭存款在遭受临时性的家庭事件冲击和农作物减产时会快速转化为支出，致使存款数量下降。如果支出金额较大，农户往往还会通过售卖或出租房屋来增加收入，使得短期存款和房间数量存量对非农型生计策略的影响减弱。

以纯农型生计策略为参照，根据表 5-8 多样化生计策略（Y_3）回归结果可知，脆弱性变量中自家生产的农（林、畜、水）产品的产量是否减少在 0.1% 的统计水平上对生计策略选择产生显著负向影响，这种农（林、畜、水）产品产量波动每提升 1 个单位，农户选择纯农型生计策略的概率就会增加 0.315。这暗示了农户生计选择的保守性和农业生产的基础地位，在不可控的气候条件和自然灾害影响农业生产时，农户依然会从多样化生计策略转向农业生产。

与表 5-5 中多样化生计策略回归中（Y_3）生计资本的影响比较，人力资本中的劳动力数量不再显著，面对季节性和周期性的农作物减产，劳动力数量并未发挥有效的抵御作用。金融资本中存款总额和银行或信用社贷款的正向显著性减弱，产量波动使农户必须动用家庭存款或者所获得的信贷加以应对，从而降低了存款或者信贷对积极生计策略的促进作用（谭伊文、何广文，2017）。物质资本中房间数量的正向显著性增强，正如前文所提到的那样，家庭存款和房屋资产是农户生计策略选择的"压舱石"，当家庭存款对积极生计策略的促进作用减弱时，房屋资产的促进作用可能得到加强。

表 5-8 脆弱性环境、生计资本对生计策略的影响（全体农户）

自变量	自变量指标	非农型（Y_2）B	非农型（Y_2）显著性	非农型（Y_2）$Exp(B)$	多样化（Y_3）B	多样化（Y_3）显著性	多样化（Y_3）$Exp(B)$
生计资本 / 人力资本	身体健康情况（X_1）	0.494	0.006**	1.639	0.370	0.016*	1.433
生计资本 / 人力资本	受教育程度（X_2）	0.309	0.504	1.134	0.104	0.405	1.109
生计资本 / 人力资本	劳动力数量（X_3）	-0.474	0.000***	0.623	0.106	0.220	1.111
生计资本 / 金融资本	您家目前存款总额约为多少（X_5）	0.471	0.000***	1.602	0.213	0.038*	1.238
生计资本 / 金融资本	当您需要钱时，是否能从银行或信用社获得贷款（X_6）	-0.365	0.192	0.694	0.574	0.018*	1.776
生计资本 / 物质资本	房间数量（X_7）	0.354	0.006**	1.425	0.617	0.000***	1.854
生计资本 / 物质资本	住房结构（X_8）	0.116	0.657	0.657	0.142	0.549	1.153
生计资本 / 物质资本	农户家庭拥有的生产性工具有哪些（X_9）	-0.561	0.007**	0.571	-0.128	0.381	0.880
生计资本 / 社会资本	家庭成员中是否有村干部（X_{10}）	-1.044	0.119	0.352	-0.175	0.680	0.840
生计资本 / 社会资本	是否加入过专业合作组织（X_{11}）	-1.439	0.036*	0.237	-0.049	0.921	0.952
生计资本 / 自然资本	耕地面积（X_4）	-0.069	0.019*	0.934	0.011	0.458	1.012
脆弱性环境 / 冲击	近三年您家是否发生了建房或买房、婚丧嫁娶、子女上大学（大中专）等事件（X_{12}）	0.623	0.040*	1.864	0.169	0.504	1.185
脆弱性环境 / 趋势	近三年您家是否因拆迁、退耕还林等政策而丧失了土地（X_{13}）	0.645	0.066+	1.906	0.229	0.465	1.257

续表

自变量	自变量指标	因变量 [以纯农型 (Y_1) 为参照]					
		非农型 (Y_2)			多样化 (Y_3)		
		B	显著性	Exp (B)	B	显著性	Exp (B)
脆弱性环境	周期性 近三年您自家生产的农（林、畜、水）产品的产量是否减少（X_{14}）	-1.998	0.000***	0.136	-1.155	0.000***	0.315
截距		-1.923	0.015		-5.225	0.000	
模型卡方检验		194.850*** (0.000) (df = 28)					
Cox and Snell R^2		0.306					
Nagelkerke R^2		0.354					
-2log likelihood		870.841					

注：⁺$p<0.1$，*$p<0.05$，**$p<0.01$，***$p<0.001$，无标注表示不显著。

引入脆弱性指标后，用 SPSS22.0 对脱贫农户生计策略进行多项 Logistic 回归分析，从表 5-9 的回归结果可以看出，模型似然比检验的 p 值小于 0.001，脱贫农户脆弱性和生计资本指标对生计策略影响的似然比卡方值为 144.359，自由度为 28。而且，最终模型的对数似然比由 675.288 降为 530.929，进一步说明引入脆弱性变量后的模型整体有意义。

以纯农型生计策略为参照，根据表 5-9 非农型生计策略（Y_2）回归结果可知，加入脆弱性变量以后，建房或买房、婚丧嫁娶、子女上大学（大中专）等事件是否发生在 1% 的统计水平上对脱贫农户生计策略选择有显著正向影响，农户家庭遭受这种冲击的比例每提升 1 个单位，农户选择非农型生计策略的概率就会增加 4.051。相反，自家生产的农（林、畜、水）产品的产量是否减少对生计策略选择有显著负向影响，农户家庭遭受冲击的比例每提升 1 个单位，农户选择纯农型生计策略的概率就会增加 0.062。这与全体农户面临这两种脆弱性时的解释相同。

在引入脆弱性因素后，与表 5-6 中非农型生计策略（Y_2）生计资本的影响相比，脱贫农户的人力资本中劳动力数量显著性无变化。自然资本中耕地面积、物质资本中农户家庭拥有的生产性工具种类和社会资本中是否加入过专业合作组织对生计策略选择负向显著性明显增强，而金融资本中目前存款总额和物质资本中房间数量正向显著性减弱。这可能暗示了脱贫农户生计资本存量的构成，即相对于家庭存款和房产而言，脱贫农户拥有更多的耕地、生产性工具和加入专业合作组织的机会。同时，也进一步说明了农业生产对所有农户的基础地位。

以纯农型生计策略为参照，根据表5-9多样化生计策略（Y_3）回归结果可知，脆弱性变量中自家生产的农（林、畜、水）产品的产量是否减少在1%的统计水平上对生计策略选择产生显著负向影响；农（林、畜、水）产品产量波动每提升1个单位，脱贫农户选择纯农型生计策略的概率就会增加0.271。这与全体农户对这一指标的解释类似。

与表5-6中多样化生计策略（Y_3）生计资本的影响比较，人力资本中身体健康状况和受教育程度的正向显著性减弱，金融资本中存款总额的影响不再显著。说明在面临产量波动影响时，健康状况、教育程度和存款总额对脱贫农户积极性生计策略的影响有所减弱。金融资本中银行或信用社贷款的正向显著性增强，物质资本中房间数量的正向显著性减弱，说明在面临产量波动影响时，脱贫农户多样化生计策略的维持更多依赖银行或信用社贷款途径而非房屋资产。物质资本中农户家庭拥有生产性工具从不显著变为在10%的统计水平上对生计策略选择有显著负向影响，产量波动每提升1个单位，选择纯农型生计策略的概率就会增加0.738，从侧面体现了生产性工具和设施对"靠天吃饭、靠地生活"纯农型农户的重要性，特别是生产性基础设施可以加强农业抵抗自然和经济风险的能力，并对增加农户收入和降低农业生产成本产生积极影响（乔慧等，2019）。

表5-9 脆弱性环境、生计资本对生计策略的影响（脱贫农户）

自变量		自变量指标	因变量［以纯农型（Y_1）为参照]					
			非农型（Y_2）			多样化（Y_3）		
			B	显著性	$Exp(B)$	B	显著性	$Exp(B)$
生计资本	人力资本	身体健康情况（X_1）	0.212	0.380	1.236	0.379	0.054[+]	1.461
		受教育程度（X_2）	0.296	0.408	1.344	0.270	0.097[+]	1.309
		劳动力数量（X_3）	-0.968	0.000[***]	0.380	0.029	0.810	1.029

续表

自变量	自变量指标	因变量 [以纯农型 (Y_1) 为参照]					
		非农型 (Y_2)			多样化 (Y_3)		
		B	显著性	$Exp(B)$	B	显著性	$Exp(B)$
生计资本	金融资本	您家目前存款总额约为多少 (X_5)	0.517	0.003**	1.678	0.204	0.132	1.226
		当您需要钱时，是否能从银行或信用社获得贷款 (X_6)	-0.583	0.138	0.558	0.829	0.007**	2.292
	物质资本	房间数量 (X_7)	0.373	0.034*	1.453	0.406	0.004**	1.500
		住房结构 (X_8)	0.115	0.537	1.122	0.042	0.786	1.043
		农户家庭拥有的生产性工具有哪些 (X_9)	-0.871	0.003**	0.419	-0.303	0.098+	0.738
	社会资本	家庭成员中是否有村干部 (X_{10})	-0.972	0.179	0.379	-0.203	0.671	0.816
		是否加入过专业合作组织 (X_{11})	-1.108	0.024*	0.330	0.340	0.282	1.405
	自然资本	耕地面积 (X_4)	-0.102	0.018*	0.903	0.006	0.757	1.006
脆弱性环境	冲击	近三年您家是否发生了建房或买房、婚丧嫁娶、子女上大学（大中专）等事件 (X_{12})	1.399	0.001**	4.051	0.197	0.556	7.218
	趋势	近三年您家是否因拆迁、退耕还林等政策而丧失了土地 (X_{13})	0.597	0.213	1.816	0.400	0.307	1.491
	周期性	近三年您自家生产的农（林、畜、水）产品的产量是否减少 (X_{14})	-2.782	0.000***	0.062	-1.305	0.005**	0.271
截距			0.021	0.985		-4.485	0.000	
模型卡方检验			144.359*** (0.000) ($df=28$)					
Cox and Snell R^2			0.360					
Nagelkerke R^2			0.411					
-2log likelihood			530.929					

注：+ $p<0.1$，* $p<0.05$，** $p<0.01$，*** $p<0.001$，无标注表示不显著。

引入脆弱性指标后，用 SPSS22.0 对贫困农户生计策略进行多项 Logistic 回归分析，从表 5-10 的回归结果可以看出，模型似然比检验的 p 值小于 0.001，贫困农户脆弱性和生计资本指标对生计策略影响的似然比卡方值为 73.515，自由度为 28。而且，最终模型的对数似然比由 262.573 降为 189.058，说明模型整体有意义。

以纯农型生计策略为参照，根据表 5-10 非农型生计策略（Y_2）回归结果可知，加入脆弱性变量以后，是否因拆迁、退耕还林等政策而丧失了土地在 10% 的统计水平上对生计策略选择有显著正向影响，贫困农户家庭遭受这种影响的比例每提升 1 个单位，农户选择非农型生计策略的概率就会增加 4.179。因为土地的丧失改变了贫困农户的收入来源，只有通过外出务工或家庭经营获得收入以抵御影响。这与全体农户的解释是类似的。

在引入脆弱性因素后，与表 5-7 中非农型生计策略（Y_2）生计资本的影响比较，人力资本中身体健康情况及社会资本中专业合作组织的影响显著性增强，身体素质良好有利于贫困农户生计策略的非农化，专业合作组织则为贫困农户从事纯农型生计策略提供了良好的外部条件。物质资本中住房结构指标不再显著，这可能是由于伴随拆迁、退耕还林等政策而进行的移民搬迁安置和危房改造改善了贫困农户的居住条件，从而弱化了原有的影响。

以纯农型生计策略为参照，根据表 5-10 多样化生计策略（Y_3）回归结果可知，脆弱性中自家生产的农（林、畜、水）产品的产量是否减少在 5% 的统计水平上对贫困农户生计策略选择产生显著负向影响，产量波动每提升 1 个单位，贫困农户选择纯农型生计策略的概率就会增加 0.285。这是因为贫困农户大多以从事农业生产为基础，更易受到季节性和周期性农作物减产的影响，从而更倾向选择保守的纯农型生计策略。

在引入脆弱性环境因素后，与表 5-7 中多样化生计策略（Y_3）生计资本的影响比较，贫困农户物质资本中房间数量依然对多样化生计策略的选择产生显著正向影响，金融资本中家庭存款总额对多样化生计策略的选择不再显著。这可能暗示了贫困农户自身经济实力更为薄弱，抵御外部影响的能力更差。当外部影响发生时，更不利于生计策略的多样化。

表 5-10　脆弱性环境、生计资本对生计策略的影响（贫困农户）

自变量	自变量指标	因变量 [以纯农型 (Y_1) 为参照]					
		非农型 (Y_2)			多样化 (Y_3)		
		B	显著性	$Exp(B)$	B	显著性	$Exp(B)$
生计资本	人力资本 身体健康情况 (X_1)	1.492	0.002**	4.446	0.517	0.144	1.678
	人力资本 受教育程度 (X_2)	0.184	0.225	1.161	0.121	0.363	1.128
	人力资本 劳动力数量 (X_3)	-0.009	0.976	0.991	0.337	0.132	1.401
	金融资本 您家目前存款总额约为多少 (X_5)	0.033	0.920	1.033	0.407	0.108	1.502
	金融资本 当您需要钱时，是否能从银行或信用社获得贷款 (X_6)	-0.292	0.633	0.747	-0.528	0.303	0.590
	物质资本 房间数量 (X_7)	0.071	0.833	1.073	1.335	0.000***	3.799
	物质资本 住房结构 (X_8)	-0.499	0.452	0.607	0.417	0.540	1.518
	物质资本 农户家庭拥有的生产性工具有哪些 (X_9)	-0.006	0.990	0.994	0.256	0.494	1.291
	社会资本 家庭成员中是否有村干部 (X_{10})	-0.344	0.247	0.612	-0.397	0.378	0.672
	社会资本 是否加入过专业合作组织 (X_{11})	-1.884	0.022*	0.152	0.046	0.935	1.047
	自然资本 耕地面积 (X_4)	-0.038	0.468	0.962	-0.024	0.976	0.904
脆弱性环境	冲击 近三年您家是否发生了建房或买房、婚丧嫁娶、子女上大学（大中专）等事件 (X_{12})	-0.754	0.320	0.471	0.608	0.329	1.837
	趋势 近三年您家是否因拆迁、退耕还林等政策而丧失了土地 (X_{13})	1.430	0.080+	4.179	-0.098	0.906	0.907
	周期性 近三年您自家生产的农（林、畜、水）产品的产量是否减少 (X_{14})	-0.596	0.454	0.551	-1.255	0.031*	0.285

续表

自变量	自变量指标	因变量［以纯农型（Y_1）为参照］					
^	^	非农型（Y_2）			多样化（Y_3）		
^	^	B	显著性	Exp（B）	B	显著性	Exp（B）
截距		-2.305	0.218		-8.216	0.000	
模型卡方检验		73.515*** （0.000）（df=28)					
Cox and Snell R^2		0.363					
Nagelkerke R^2		0.454					
-2log likelihood		189.058					

注：+p<0.1，*p<0.05，**p<0.01，***p<0.001，无标注表示不显著。

5.4 小结

本章首先描述性对比分析了贫困农户和脱贫农户在脆弱性环境、生计资本和生计策略选择方向的不同，并且对两种类型农户体现的差异进行深入的讨论，最终得出以下主要结论。

（1）在脆弱性环境方面。贫困农户与脱贫农户间存在显著差异，贫困农户家庭的农产品产量易受周期性、季节性影响而减少，而脱贫农户家庭更易遭受临时性的大额支出及政策性的丧失土地的冲击。虽然脱贫农户收入有所提高，生活较为稳定，但是也不能忽视脆弱性环境对其发展的影响。

（2）在生计资本状况方面。贫困农户与脱贫农户在五种生计资本上存在显著差异，脱贫农户的生计资本水平显著高于贫困农户。在人力资本方面，脱贫农户在身体健康情况、受教育程度及劳动力数量方面都要优于贫困农户。在自然资本方面，贫困农户和脱贫农户拥有的耕地面积较小，脱贫农户耕地面积要大于贫困农户。在金融资本方面，贫困农户与脱贫农户的家庭存款总额较少，但脱贫农户的家庭存款总额要多于贫困农户，并且脱贫农户从银行或信用社获取贷款的机会要多于贫困农户。在物质资本方面，贫困农户与脱贫农户物质资本相对较高，脱贫农户的家庭房间数量、住房结构及生产性工具种类要显著优于贫困农户。在社会资本方面，两类农户家庭成员中有村干部的比例较低，但是脱贫农户家庭要多于贫困农户家庭；贫困农户加入过专业合作组织的比例要显著高于脱贫农户。

（3）在生计策略状况方面，贫困农户与脱贫农户在生计策略选择方面存在显著差异，两类农户选择纯农型生计策略的比例相对较高，但是相较于贫困农户单一的纯农型生计策略来说，脱贫农户的选择更具多样化，不仅从事农业生产，也会外出务工或者从事家庭经营活动，实现非农化或者多样化发展。

随后，本章运用多项 Logistic 回归方法，实证分析了脆弱性环境、生计资本对生计策略的影响，研究发现，对脱贫农户和贫困农户的不同生计策略选择产生重要影响的生计资本类型及指标有所不同。同样，脆弱性环境变量的引入，不仅会影响农户的生计策略选择，也会使生计资本增强或减弱，进而影响生计策略选择。根据本章的分析，主要得出了以下结论。

（1）在生计资本方面，人力、自然、物质及社会四种资本对纯农型生计策略的选择具有显著正向作用，金融、物质两种资本对非农型生计策略的选择具有显著正向作用，人力、金融、物质三种资本对多样化生计策略的选择具有显著正向作用。从生计资本具体指标来看，脱贫农户的劳动力数量、耕地面积、家庭拥有的生产性工具种类、是否加入过专业合作组织对选择纯农型生计策略有显著正向促进作用，但与脱贫农户存在差别的是，贫困农户家庭只有住房结构和是否加入过专业合作组织对选择纯农型生计策略有显著正向影响；脱贫农户家庭当前存款总额、房间数量对选择非农型生计策略有显著正向作用，贫困农户身体健康情况对非农型生计策略有显著正向影响；脱贫农户的身体健康情况、受教育程度、存款总额、是否能从银行或信用社获得贷款及房间数量对选择多样化生计策略有显著正向作用，与脱贫农户相同的是，贫困农户的家庭存款总额和房间数量促进了多样化生计策略的选择。可以看出，身体健康情况、家庭存款总额及房间数量对脱贫农户选择非农型或者多样化生计策略具有重要影响。

（2）引入脆弱性环境变量以后，近三年家庭是否发生了建房或买房、婚丧嫁娶、子女上大学（大中专）等事件对脱贫农户选择非农型生计策略具有显著正向作用；近三年家庭是否因拆迁、退耕还林等政策而丧失了土地对贫困农户选择非农型生计策略具有显著正向作用；近三年家庭生产的农（林、畜、水）产品的产量是否减少会促使脱贫农户和贫困农户同样选择纯农型生计策略。生计资本的影响也会随之发生改变,两类农户的劳动力数量、耕地面积、家庭拥有的生产性工具种类、住房结构和是否加入过专业合作组织对选择纯农型生计策略有正向影响;身体健康情况、存款总额及房间数量对选择非农型生计策略有正向影响;身体健康情况、存款总额、房间数量及银行或信用社贷款机会促进对多样化生计策略的选择。可以看出,脱贫农户在遭遇脆弱性环境时,身体健康情况、家庭存款总额和房间数量仍然发挥重要作用。

第6章 政策认知对农村脱贫人口生计策略的影响

本章基于第 3 章构建的农村脱贫人口可持续生计分析框架,并利用第 4 章收集的数据,针对政策认知对农村脱贫人口生计策略的影响进行研究分析。首先对研究中涉及的相关变量及采用的策略和方法进行介绍。在此基础上,比较分析两类农户在政策认知、生计资本和生计策略等方面的差异,最后分别从补偿性政策和发展性政策两条路径深入分析了政策认知对生计策略的影响。

6.1 研究设计

根据可持续生计分析框架,政策与制度外部因素是影响农户生计策略的重要因素。从第 2 章中的文献回顾可知,政策认知不仅是衡量政策实施效果的重要因素,且政策的作用客体对于政策与制度的认知会对政策客体的行动策略产生影响,不同群体对于政策的知晓度和满意度会对他们社会活动过程中的行为选择产生影响。因此,本章将从知晓度和满意度两个维度衡量农户政策认知对其生计策略的影响。同时,本章希望了解不同类型的政策对于农户生计策略的影响是否存在差异,因此,在研究中将政策划分为补偿性政策和发展性政策进行对比分析。

为了对比分析贫困农户与脱贫农户生计策略的差异,本章将贫困类别纳为控制变量。此外,从第 2 章文献综述中可知,政策与制度为农户生计发展提供了可能,而如何利用政策机会规避风险发展生计,还取决于农户自身的发展能力。农户拥有的生计资本是农户自身发展能力的核心组成部分。根据可持续生计分析框架,农户拥有的生计资本禀赋是其进行生计策略选择的基础,它决定了农户在何时、以何种方式发展家庭生计,影响着农户实现收入、安全、福利等生计目标的可能性,对于生计资本的有效评估有利于帮助农户制定合适的生计策略(Berg,2010)。因此,本章将生计资本因素纳为研究的控制变量进行分析。最后,本章将分析政策认知对农户不同类型生计策略选择的影响。

6.1.1 变量设置

(1)因变量

本章因变量为农户生计策略,农户对于生计策略的选择即农户选择采取何种类型的生计活动。可持续生计分析框架将生计活动分为生产活动、投资活动和家务活动。考虑到本书的研究对象为贫困农户和脱贫农户,该类群体的经济状况导致其能够采取的投资策略较为局限,而家务活动产生的经济价值较小,无法直接有效地帮助其改善经济状况,且政策对于农户个体家庭所从事的家务活动调整度较小,因此,本书主要选取了生产活动来对农户的生计策略进行研究。

题项通过直接询问农户"你家目前从事哪种生产经营活动"来对农户生产活动种类及数量进行考察。该题项为多项选择题,答案选项设置为"1=农作物种植;2=畜牧养殖;3=水产养殖;4=林作物种植;5=非农打工;6=家庭经营活动",农户根据其家庭所主要从事的生产经营活动类型进行选择。题项选项选取了农户主要从事的六种生产活动进行分析,包括农业生产经营活动及非农生产经营活动。农户生计过程中所从事的农业生产经营活动包括农作物种植、畜牧养殖、水产养殖和林作物种植,非农生产经营活动包括非农打工和家庭经营活动。

在研究中,本章按照生计活动的类型对农户生计策略进行划分,并据此对问卷题项进行了处理,生成了新的变量。研究将农户生计策略划分为纯农型生计策略、非农型生计策略和多样化生计策略。农业生产是农户维持生产生活的重要方式,纯农型生计策略指建立在对农业生产的绝对依赖上,农户家庭成员仅以从事农业生产活动为生,通过农业内部种植活动的组合、转换来维持生计,农户家庭既不从事打工活动,也不从事非农经营。因此，在研究中，纯农型生计策略指在原题项中选择了农作物种植或畜牧养殖、水产养殖、林作物种植中的任一项或多项，而未选择非农打工或家庭经营活动。

在征地政策、国家生态保护政策、移民搬迁政策下，部分农户会与原有的赖以生存的土地、林地等自然资本隔离，进而改变其以农业为主的生计策略（李松柏、苏冰涛，2012；严登才，2011）。该类农户会选择采取非农型生计策略。非农型生计策略指农户家庭成员完全脱离了农业生产经营活动，仅从事非农型生产经营活动，多为外出务工或开展家庭经营，而不从事农业、林业或家庭养殖等活动。因此，在研究中，非农型生计策略指在原题项中选择了非农打工或家庭经营活动中的任一项或多项，而未选择农作物种植、畜牧养殖、水产养殖、林作物种植。

在劳动力相对丰富的农户家庭中，家庭中部分成员外出打工和开展本地非农经营活动是转移剩余劳动力的两种出路（阎建忠等，2009）。多样化生计策略指该农户家庭既从事农业生产经营活动，又从事非农生产经营活动，家庭收入中既有来自农林业或养殖业的收入，也有来自打工或非农经营收入（黎洁，2017）。因此，在研究中，多样化生计策略指在原题项中选择了农作物种植或畜牧养殖、水产养殖、林作物种植中的任一项或多项，且选择了非农打工或家庭经营活动中的一项或多项。

（2）自变量

已有研究指出，个体对于政策的知晓度和满意度会对他们社会活动过程中的行为选择产生影响，政策认知对社会群体的实际社会参与行为有预测作用。因此，本章将农户对政策的知晓度和满意度作为自变量政策认知的两个维度来对政策认知进行测度。

近年来，我国依靠扶贫开发政策与农村最低生活保障政策，逐步形成了"低保保生存、救助防返贫、扶贫促发展、开发奔小康"的扶贫新格局（颜廷武等，2017）。根据我国的实际情况，与农户生计相关的扶贫惠农政策一般包含土地政策、补偿政策、就业政策、创业政策和社保政策这五类具体政策（黄建伟，2011）。根据兰斯基和罗尔斯等人的政策理论，贫困农户生计支持政策可分为补偿性政策和发展性政策两种类型。其中，补偿性政策意在保障贫困农户的基本生存权利，能够为贫困农户基本生计提供保障，包括社会保障制度中的社会救助、社会保险和住房保障等政策；发展性政策以促进贫困人口的社会平等参与、融合发展为核心，能够为农户改善生计策略、提高生计水平提供支持，包括社会服务、扶贫开发、社会互助等政策（吴军民，2015）。

本研究选取了与贫困农户生计较为相关的七种补偿性政策和四种发展性政策。其中，补偿性政策包括农村居民最低生活保障、新型农村合作医疗、新型农村社会养老保险、农业保险保费补贴、残疾人补贴、农村危房改造补贴和退耕还林还草补贴政策；发展性政策包括扶贫技术指导或农副业生产帮扶政策、农业生产或外出打工技能培训政策、子女义务教育补贴政策以及土地流转政策。

A. 政策知晓度

政策的实施效果很大程度上取决于政策利益相关者（政策制定者、政策实施者和公众）对政策的知晓程度（陈丽君等，2009）。政策知晓度是指作为政策所涉对象的公众对政策基本内容、政策价值及政策实施方式、落实途径的了解程度。农户对政策的参与过程建立在其对政策了解的基础上，只有了解政策才能促使农户更好地参与到政策执行的过程中来（李辉、齐金玲，2010）。因此，研究通过询问"您是否知道该政策？"来对不同政策的知晓度进行测度，问题设置3个选项"1=没听说过；2=听说过但不清楚；3=听说并了解"计分。分值越高表示知晓度越高。

B. 政策满意度

政府政策的本质目的在于使目标群体受益，只有让受益群体满意才能调动参与政策的人们的积极性。因此，对于政策的评价不仅要关注其所带来的经济价值，还应该注重政策的公共价值，关注公众满意度、公平等维度（邹东升、包倩宇，2017）。满意度起源于心理学研究，具有主观性的特点，由于每个个体有着自身独特的价值观念，对于相同事物也会产生不同的价值感知评价，所以个体的满意度评价会受到年龄、学历、收入、经历等自身条件的影响；但是顾客满意度不是固定不变的，随着社会科技环境的不断优化、个体自身的成长进步，相应地满意度也会发生变化；此外，顾客满意度是人们进行全面认知后对一件事物给出的综合评价，在事物感知过程中的每一个环节都会对最终的评价产生深远的影响，任何一个环节出错，造成顾客感知上的不愉快，都会导致最后的顾客满意度降低（刘伟婉，2015）。目前，国内外已经将满意度作为评价政府绩效及政策效果的一项重要指标，研究者们广泛应用美国顾客满意度指数模型（ACSI）将政府绩效及政策效果评价与满意度结合起来，认为满意度是指政策对象的需求被满足后，其可感知的效果与期望值进行相比之后得到的一个相对的心理状态（肖扬，2010）。

借鉴顾客满意度的相关理论和概念，本章所指的农户政策满意度主要是指农户对政策的预期值与参与后的感知质量之间差距，是农户对其自身家庭或了解到的其他家庭在参与政策过程中或享受政策服务后获得的使用价值及效益的主观评价。当农户参与惠农政策的感知质量与预期一致时，农户的政策满意度就会相对较高，反之，满意度就低。满意度是一种持续性的态度，直接影响农户以后对政策的支持和对政策执行机构的信任。研究询问农户"该制度（政策）的执行和实施情况，您是否满意"，通过"1＝不满意；2＝说不清；3＝满意"三个选项的答案，来对政策满意度进行具体的测量。考虑到在调研过程中可能会出现部分样本对于问卷中相关政策不够了解，或是没有听说过，导致其无法对该政策做出满意度评价，因此在该题项选项设置中设计了"说不清"这个选项以便于样本做出选择。

（3）控制变量

本章控制变量为贫困类别和生计资本，贫困类别即农户为贫困农户还是脱贫农户，生计资本包括人力资本、自然资本、物质资本、社会资本、金融资本。

A. 贫困类别

研究的调查对象为建档立卡的贫困农户，包括现期贫困农户和脱贫农户。现期贫困农户即目前仍是贫困农户的农户；脱贫农户即曾经是贫困农户，目前已实现脱贫的贫困农户。本变量通过问卷中"您家现在是否为贫困户"的题项来对贫困户类别进行判断。问卷中题项答案包括三个选项，分别为"1＝曾经是贫困户，现在已脱贫；2＝是国家标准贫困户；3＝是省定标准贫困户"。在研究中通过对题项进行处理，生成新的变量贫困类别，将原题选项1定义为"0＝脱贫农户"，将原题选项2和选项3合并，定义为"1=贫困农户",以便于开展研究。

B. 生计资本

在本章研究中,研究对象是农户,以家庭为单位。调研对象选取了农户家庭的户主,一方面,户主对自家的家庭资产情况较为了解,对自身家庭资产处于相对支配地位;另一方面,户主自身的资本条件会对家庭资本带来影响,户主自身的资本条件在一定程度上能够反映家庭的资本状况。因此,在研究中选择生计资本各指标时,用来衡量生计资本的指标不仅包括农户家庭中所共有的生计资产,也包括以户主本人为特征的生计资本,具体指标设计如下。

人力资本主要通过家庭规模、健康状况、受教育程度、工作能力评判。其中,家庭规模为连续变量,以问卷中"家庭户籍人口数"为指标;健康状况为定序变量,通过询问"您的身体健康状况如何",答案为"1=非常好;2=好;3=一般;4=不好;5=非常不好"五个级别进行测量,在研究中根据研究需要对该题项进行了反向赋值,令"1=非常不好;2=不好;3=一般;4=好;5=非常好"后纳入分析;受教育程度为定序变量,通过询问"您目前的受教育程度",以"1=没上过学;2=小学;3=初中;4=高中(含中专、技校);5=本科(大专)及以上"五个级别加以测量;工作能力为分类变量,通过询问"您是否熟练掌握某项手艺或技术(如木匠、泥水匠、种养技能等)"和"您是否接受过职业技能培训(包括农业技能培训、养殖技能培训、加工制造技能培训等)",答案以"0=否;1=是"来进行测度。

社会资本主要通过农户获得的社会支持、社会网络规模、社会组织参与等三个指标进行测量。其中,农户所获得的社会支持为连续变量,该题项通过对农户获得的重大决策与心理支持、劳动力、技术、资金、物质支持以及社会组织的参与等维度进行测度。通过询问农户"生产、生活中做重要决策时亲戚、邻居或朋友是否会为其出主意;有高兴或不高兴的事时亲戚、邻居或朋友是否愿意听其诉说;在需要时,是否能够得到亲戚、邻居或朋友的安慰和鼓励;亲戚、邻居或朋友是否能够给其提供非常实际的帮助,如借钱、帮忙、种地等;有困难时,是否能够从农民合作社、接待机构等社会组织中获得资金、劳动力、物质等帮助;有困难时,是否能够得到政府的救助和补贴；是否参加宗教活动；是否参加村里的互助协会；是否经常和亲戚、朋友一起吃饭，经常和亲戚、朋友打电话；经常和邻里在一起进行娱乐活动（如打牌、麻将等）；对其他人是否信任"等题项，来判断农户所获得的社会支持。农户符合该题项描述就得1分，最后由这些题项的分数加总得出农户获得的社会支持的总分。社会网络规模为连续变量，通过"做重要决策时可商量的家人、亲戚、熟人、朋友等人的数量；心情不好时可倾诉的人数；急需大笔开支时可求助的人数；遇到农业生产困难时可求助的人数；生病需要照顾时可求助的人数"的总人数来进行测量。社会组织参与为连续变量，通过询问农户"共加入了几个专业合作组织、生产服务组织、龙头企业（或公司）带动的农户等该类所述的组织"，以农户加入的上述组织个数来进行测量。

自然资本主要通过耕地面积和林地面积两个指标来测量，耕地面积和林地面积均为连续变量，分别通过询问"家中可使用的耕地（粮田、菜地）面积""家中可使用的林地（包括自留山、承包林等）面积"来加以测量。

物质资本主要通过农户住房面积、住房结构、生产工具耐用品数量三个指标评判。结合农村生产生活情况，住房面积为连续变量，以农户家庭通常拥有的宅基地面积进行测度，通过询问农户"您家所拥有的宅基地面积为多少"来对住房面积进行判断；通过询问农户"您家庭的住房结构"来进行判断，以"1＝钢筋混凝土；2＝砖瓦砖木结构；3＝砖混结构；4＝竹草土坯；5＝其他"来进行测量，在研究中根据研究需要对于该题项进行了重新赋值，令"0＝其他；1＝竹草土坯；2＝砖瓦砖木结构；3＝砖混结构；4＝钢筋混凝土"后纳入分析；生产工具耐用品数量是由问卷中测量农户家庭拥有的生产性工具、交通工具和生活耐用品数量加总来进行计算，为连续变量。

金融资本主要通过农户家庭储蓄和金融可及性两个指标评判，其中，家庭储蓄为定序变量，通过询问"您家目前存款总额约为多少"，通过处理后以"1＝无；2＝1～2999元；3＝3000～5999元；4＝6000～8999元；5＝9000元及以上"加以测量；金融可及性为连续变量，选取问卷中"扶贫小额贴息贷款、银行或信用社等处贷款、亲朋好友处借款、高利贷贷款的可及性"等题项进行合并处理后得到的指标。上述变量的基本信息见表 6-1。

表 6-1 变量基本信息

变量	变量描述
因变量	
生计策略	1=纯农型
	2=非农型
	3=多样化
自变量	
补偿性政策知晓度 发展性政策知晓度	1=没听说过
	2=听说过但不清楚
	3=听说并了解
补偿性政策满意度 发展性政策满意度	1=不满意
	2=说不清
	3=满意
控制变量	
贫困类别	0=贫困农户
	1=脱贫农户
生计资本	
人力资本	
家庭规模	家庭户籍人口数量，连续变量
健康状况	1=非常不好
	2=不好
	3=一般
	4=好
	5=非常好
受教育程度	1=没上过学
	2=小学
	3=初中
	4=高中（含中专、技校）
	5=本科（大专）及以上
工作能力	0=无手艺或技能
	1=有手艺或技能

续表

变量	变量描述
工作能力	0＝没有接受过技能培训
	1＝接受过技能培训
社会资本	
获得的社会支持	重大决策与心理支持、劳动力、技术、资金、物质支持，连续变量
社会网络规模	重大事件商量求助的人数，连续变量
社会组织参与	加入"专业合作、生产服务、龙头企业"等组织的数量，连续变量
自然资本	
耕地面积	家中可使用的耕地面积，连续变量
林地面积	家中可使用的林地面积，连续变量
物质资本	
住房面积	家中目前居住的房屋面积，连续变量
住房结构	0＝其他
	1＝竹草土坯
	2＝砖瓦砖木结构
	3＝砖混结构
	4＝钢筋混凝土
生产工具耐用品数量	拥有的生产性工具、交通工具和耐用品选项加总，连续变量
金融资本	
家庭储蓄	1＝无
	2＝1~9999元
	3＝10000~19999元
	4＝20000~29999元
	5＝30000元及以上
金融可及性	以"扶贫小额贴息贷款、银行或信用社等处贷款、亲朋好友处借款、高利贷借款"来衡量信贷机会的获得，连续变量

6.1.2 分析策略

为了描述贫困农户与脱贫农户政策认知及生计资本、生计策略状况，本章将综合采用交叉表分析和独立样本 T 检验等分析方法对比分析贫困农户、脱贫农户在补偿性政策认知、发展性政策认知、生计资本状况及生计策略选择等方面的差异。

为了明确政策认知对农户生计策略的影响，研究将政策认知分为补偿性政策认知和发展性政策认知。由于补偿性政策与发展性政策具有中度相关关系，为了更加清楚地展示不同类型的政策对农户生计策略的影响，分别建立了两组回归模型。第一组模型以"生计策略"为因变量，根据生计策略为分类变量的特点，采用多元 logistic 回归的分析方法，采用分层回归分析的方式，模型 1 以补偿性政策认知中的知晓度各指标为自变量进行影响分析；模型 2 在此基础上将补偿性政策认知中的满意度各指标纳入分析；模型 3 将控制变量"贫困类别"纳入回归模型；模型 4 进一步将"生计资本"各子要素作为控制变量纳入回归模型。第二组模型同样以"生计策略"为因变量，模型 5、模型 6、模型 7、模型 8 依次将发展性政策认知中的知晓度、满意度、贫困农户类别以及生计资本各要素的相关变量纳入回归模型，进行多元 logistic 回归分析。

6.1.3 方法

由于生计策略为多分类变量，故采用公式（6-1）所示的 Logistic 回归模型分别对影响农户生计策略的政策认知等因素进行分析。

$$P(Y = i \mid x, \omega) = \frac{e^{\omega_i \cdot i}}{(1 + \sum_{i}^{k-1} e^{\omega_i \cdot x_i})} ; i = 1, 2, \cdots \quad (6-1)$$

公式（6-1）中，P 代表农户选择生计策略的概率，X 则表示回归模型中纳入的自变量与控制变量。其中，各个政策的满意度与知晓度均为连续变量。控制变量中，"家庭规模""获得的社会支持""社会组织参与""社会网络规模""耕地面积""林地面积""生产工具耐用品数量""住房面积""金融可及性"为连续变量；"贫困类别""健康状况""受教育程度""工作能力""住房结构""家庭储蓄"为分类变量。

6.2 脱贫人口的政策认知及生计策略描述

6.2.1 补偿性政策认知状况

表 6-2 反映了农户对补偿性政策的认知情况。可以看出，整体而言，

在知晓度层面，农户对于补偿性政策的知晓度状况良好，总体介于听说过但不清楚与听说并了解之间。农户对于新型农村合作医疗政策的知晓度最高，对于新型农村社会养老保险政策知晓度次之，对于农业保险保费补贴政策的知晓度最低。在满意度层面，农户对于补偿性政策的满意度水平整体介于说不清和满意之间，农户对于新型农村合作医疗政策和新型农村社会养老保险政策的满意度相对较高，而对于农村危房改造补贴政策的满意度相对较低。

表6-2 补偿性政策认知现状

	均值（标准差）	最小值（最大值）
补偿性政策知晓度		
农村居民最低生活保障	2.58（0.609）	1（3）
新型农村合作医疗	2.71（0.519）	1（3）
新型农村社会养老保险	2.62（0.555）	1（3）
农业保险保费补贴	2.12（0.784）	1（3）
农村危房改造补贴	2.23（0.671）	1（3）
退耕还林还草补贴	2.25（0.686）	1（3）
残疾人补贴	2.19（0.653）	1（3）
补偿性政策满意度		
农村居民最低生活保障	2.48（0.625）	1（3）
新型农村合作医疗	2.68（0.535）	1（3）
新型农村社会养老保险	2.61（0.556）	1（3）
农业保险保费补贴	2.33（0.543）	1（3）
农村危房改造补贴	2.28（0.553）	1（3）
退耕还林还草补贴	2.30（0.556）	1（3）
残疾人补贴	2.29（0.504）	1（3）

表6-3表现了不同类别农户补偿性政策认知状况的差异。在知晓度方面，脱贫农户对于新型农村合作医疗政策、新型农村社会养老保险政策的知晓度略高于贫困农户，而对于退耕还林还草补贴政策的知晓度略低于贫困农户，但不存在显著差异。在农村居民最低生活保障政策、农业保险保费补贴政策、农村危房改造补贴政策以及残疾人补贴政策的知晓度方面，

贫困农户与脱贫农户存在显著差异，贫困农户对于最低生活保障政策、农业保险保费补贴政策、农村危房改造补贴政策以及残疾人补贴政策的知晓度均高于脱贫农户。

在满意度方面，脱贫农户对于新型农村合作医疗政策、新型农村社会养老保险政策的满意度略高于贫困农户，而对于退耕还林还草补贴政策的满意度略低于贫困农户，但不存在显著差异。在农村居民最低生活保障政策、农业保险保费补贴政策、农村危房改造补贴政策以及残疾人补贴政策的满意度方面，贫困农户与脱贫农户存在显著差异，贫困农户对于农村居民最低生活保障政策、农业保险保费补贴政策、农村危房改造补贴政策以及残疾人补贴政策的满意度均高于脱贫农户。

从上述分析可见，新型农村合作医疗政策、新型农村社会养老保险等农户普遍参与的政策对于脱贫农户的影响较大，贫困农户对于该类政策的知晓度和满意度均低于脱贫农户；对于农村居民最低生活保障政策、农业保险费补贴政策、农村危房改造补贴政策、退耕还林还草补贴政策及残疾人补贴政策等有条件限制的补贴类政策，贫困农户的知晓度和满意度均高于脱贫农户，该类政策对贫困农户的影响较为明显。总的来说，贫困农户对于补偿性政策的知晓度与满意度相对高于脱贫农户。在补偿性政策中，贫困农户和脱贫农户对于新型农村合作医疗政策的知晓度和满意度最高。

表6-3 补偿性政策认知差异

	贫困农户	脱贫农户	
	均值（标准差）	均值（标准差）	差异性检验
补偿性政策知晓度			
农村居民最低生活保障	2.66（0.558）	2.55（0.623）	*
新型农村合作医疗	2.68（0.551）	2.73（0.504）	
新型农村社会养老保险	2.61（0.545）	2.62（0.568）	
农业保险保费补贴	2.25（0.760）	2.04（0.796）	**
农村危房改造补贴	2.31（0.682）	2.19（0.661）	*
退耕还林还草补贴	2.28（0.677）	2.23（0.692）	

续表

	贫困农户	脱贫农户	
	均值（标准差）	均值（标准差）	差异性检验
残疾人补贴	2.27（0.663）	2.15（0.647）	*
补偿性政策满意度			
农村居民最低生活保障	2.59（0.599）	2.47（0.609）	*
新型农村合作医疗	2.67（0.540）	2.70（0.518）	
新型农村社会养老保险	2.58（0.562）	2.62（0.556）	
农业保险保费补贴	2.42（0.565）	2.30（0.520）	*
农村危房改造补贴	2.36（0.554）	2.24（0.549）	**
退耕还林还草补贴	2.31（0.562）	2.28（0.553）	
残疾人补贴	2.34（0.521）	2.27（0.496）	+

注：+ $p<0.1$，* $p<0.05$，** $p<0.01$，*** $p<0.001$，无标注表示不显著。

6.2.2 发展性政策认知状况

表 6-4 反映了农户对发展性政策的认知情况。可以看出，相较于补偿性政策而言，农户对于发展性政策的知晓度和满意度相对较低。农户对于发展性政策的知晓度大多介于听说过但不清楚与听说并了解之间。在发展性政策中，农户对于子女义务教育补贴政策的知晓度相对较高，对于农业生产或外出打工技能培训政策的知晓度相对较低。在满意度层面，农户对于发展性政策的满意度整体介于说不清和满意之间，农户对于子女义务教育补贴政策的满意度相对较高，而对于农业生产或外出打工技能培训政策的满意度相对较低。发展性政策的知晓度和满意度具有一致性，知晓度越高则满意度越高。

表 6-4 发展性政策认知现状

	均值（标准差）	最小值（最大值）
发展性政策知晓度		
扶贫技术指导或农副业生产帮扶	2.17（0.841）	1（3）

续表

	均值（标准差）	最小值（最大值）
农业生产或外出打工技能培训	2.04（0.830）	1（3）
子女义务教育补贴	2.31（0.706）	1（3）
土地流转政策	2.21（0.725）	1（3）
发展性政策满意度		
扶贫技术指导或农副业生产帮扶	2.19（0.760）	1（3）
农业生产或外出打工技能培训	2.05（0.752）	1（3）
子女义务教育补贴	2.41（0.558）	1（3）
土地流转政策	2.29（0.557）	1（3）

表6-5显示了不同类别农户发展性政策认知状况的差异。可以看出，在知晓度方面，贫困农户对于扶贫技术指导或农副业生产帮扶政策的知晓度与脱贫农户相当，而在子女义务教育补贴政策方面的知晓度要高于脱贫农户，脱贫农户对于农业生产或外出打工技能培训政策的知晓度要高于贫困农户，但贫困农户与脱贫农户在扶贫技术指导或农副业生产帮扶政策、农业生产或外出打工技能培训政策与子女义务教育补贴政策方面均不存在显著差异。而在土地流转政策方面，贫困农户与脱贫农户之间存在显著差异，贫困农户对于土地流转政策的知晓度要高于脱贫农户。

在满意度方面，贫困农户对于农业生产或外出打工技能培训政策、子女义务教育补贴政策、土地流转政策的满意度均高于脱贫农户，但没有显著差异。而在扶贫技术指导或农副业生产帮扶政策方面，贫困农户的满意度要显著高于脱贫农户。

总体而言，在发展性政策认知方面，贫困农户对于发展性政策的知晓度与满意度也相对高于脱贫农户。在发展性政策中，贫困农户与脱贫农户对于子女义务教育补贴政策的知晓度和满意度相对较高，对于农业生产或外出打工技能培训政策的知晓度和满意度相对较低。

表 6-5 发展性政策认知差异

	贫困农户	脱贫农户	
	均值（标准差）	均值（标准差）	差异性检验
发展性政策知晓度			
扶贫技术指导或农副业生产帮扶	2.19（0.799）	2.19（0.847）	
农业生产或外出打工技能培训	2.02（0.850）	2.07（0.813）	
子女义务教育补贴	2.34（0.719）	2.28（0.700）	
土地流转政策	2.31（0.721）	2.14（0.728）	**
发展性政策满意度			
扶贫技术指导或农副业生产帮扶	2.25（0.746）	2.17（0.772）	*
农业生产或外出打工技能培训	2.09（0.730）	2.04（0.766）	
子女义务教育补贴	2.44（0.582）	2.41（0.539）	
土地流转政策	2.31（0.592）	2.29（0.529）	

注：+ $p<0.1$，* $p<0.05$，** $p<0.01$，*** $p<0.001$，无标注表示不显著。

6.2.3 生计资本状况分析结果

表 6-6 展示了不同类别农户的生计资本状况差异。

在人力资本方面，贫困农户与脱贫农户在家庭规模、身体健康状况、受教育程度以及工作能力方面都存在显著差异。在家庭规模方面，贫困农户与脱贫农户家庭规模较小，脱贫农户家庭规模约为 4~5 人，贫困农户家庭规模约为 3~4 人，脱贫农户家庭规模显著高于贫困农户；在身体健康状况方面，贫困农户与脱贫农户普遍身体健康状况较差，身体健康状况均处于不好与一般之间，总体而言，脱贫农户身体健康状况要显著好于贫困农户；在受教育程度方面，贫困农户与脱贫农户大多为小学及初中文化水平，受教育程度较低，脱贫农户的受教育程度要显著高于贫困农户；在工作能力方面，贫困农户与脱贫农户大多没有手艺或技能，贫困农户中有手艺或技能的仅占 28.0%，脱贫农户中有手艺或技能的占比为 34.1%，且较多贫困农户与脱贫农户没有接受过职业技能培训，接受过相关职业技能培训的贫困农户占比为 33.0%，接受过相关职业技能培训的脱贫农户占比为 37.7%，两者不存在显著差异。总体而言，贫困农户与脱贫农户人力资本状况较差，贫困农户在家庭规模、受教育程度、健康状况以及工作能力方面的人力资本水平要显著低于脱贫农户。

对于以从事农业活动为主的我国农户而言，生计资本中物质资本的水平相对较高。在物质资本方面，脱贫农户的平均家庭住房面积为102.09平方米，要显著大于贫困农户的89.46平方米；在住房结构方面，脱贫农户与贫困农户住房结构多为砖瓦砖木结构与砖混结构，脱贫农户住房结构要显著优于贫困农户；脱贫农户的平均家庭生产工具耐用品数量为4.527个，要显著多于贫困农户的3.235个。整体而言，脱贫农户拥有的物质资本水平高于贫困农户。

在自然资本方面，贫困农户和脱贫农户在耕地面积和林地面积方面不存在显著差异。脱贫农户拥有的耕地面积大于贫困农户，而在林地面积方面，脱贫农户拥有的林地面积要小于贫困农户。

社会资本中，在获得的社会支持方面，脱贫农户所获得的社会支持为7.237项，显著多于贫困农户的7.032项；在社会网络规模方面，脱贫农户与贫困农户的社会网络规模均较小，脱贫农户社会关系网络规模为13.342人，显著大于贫困农户的社会关系网络规模；在社会组织参与方面，脱贫农户社会组织参与数量要多于贫困农户，但不存在显著差异。总体而言，脱贫农户拥有的社会资本水平高于贫困农户。

金融资本中，在家庭储蓄方面，脱贫农户与贫困农户家庭储蓄金额均较小，但脱贫农户家庭储蓄金额相对较大，显著大于贫困农户；在金融可及性方面，脱贫农户金融可及性水平高于脱贫农户，但不显著，贫困农户与脱贫农户金融可及性水平整体较低。整体而言，脱贫农户家庭拥有的金融资本水平要高于贫困农户。

表6-6　生计资本状况

	贫困农户频数（百分比）/均值（标准差）	脱贫农户频数（百分比）/均值（标准差）	差异性检验
人力资本			
家庭规模	3.46（1.853）	4.15（1.703）	***
身体健康状况	2.985（0.883）	3.298（0.937）	***
受教育程度	2.28（0.949）	2.49（0.958）	**
工作能力			

续表

	贫困农户频数（百分比）/均值（标准差）	脱贫农户频数（百分比）/均值（标准差）	差异性检验
有手艺或技能	74（28.0%）	190（34.1%）	
无手艺或技能	165（72.0%）	319（65.9%）	
有接受技能培训	87（33.0%）	183（37.7%）	
无接受技能培训	177（67.0%）	303（62.3%）	
物质资本			
住房面积	89.46（53.216）	102.09（50.894）	**
住房结构	2.584（0.883）	2.846（0.939）	***
生产工具耐用品数量	3.256（1.878）	4.527（2.554）	***
自然资本			
耕地面积	4.009（5.715）	4.720（6.644）	
林地面积	1.005（3.577）	0.920（3.842）	
社会资本			
获得的社会支持	7.032（1.467）	7.237（1.633）	+
社会网络规模	11.650（6.577）	13.342（7.167）	**
社会组织参与	0.64（0.731）	0.66（1.002）	
金融资本			
家庭储蓄	1.77（0.995）	2.24（1.210）	***
金融可及性	1.771（1.028）	1.834（1.044）	

注：$^+ p<0.1$，$^* p<0.05$，$^{**} p<0.01$，$^{***} p<0.001$，无标注表示不显著。

6.2.4 生计策略状况分析结果

表6-7显示了贫困农户与脱贫农户生计策略选择状况。贫困农户与脱贫农户在生计策略的选择上存在显著差异。在生计策略选择上，贫困农户中选择纯农型生计策略的占60.8%，选择多样化生计策略的占18.8%，选择非农型生计策略的占20.4%；脱贫农户中选择纯农型生计策略的占43.0%，选择非农型生计策略的占26.9%，选择多样化生计策略的占30.1%。可以看出，贫困农户与脱贫农户都较多选择以农业为主的纯农型生计策略，但总体而言，脱贫农户选择纯农型生计策略的比例要显著低于贫困农户，而选择非农型生计策略和多样化生计策略的比例要显著高于贫

困农户，脱贫农户生计策略多样化比例相对较高。

表 6-7　生计策略选择状况

	贫困农户频数（百分比）	脱贫农户频数（百分比）	差异性检验
纯农型生计策略	155（60.8%）	200（43.0%）	***
非农型生计策略	52（20.4%）	125（26.9%）	
多样化生计策略	48（18.8%）	140（30.1%）	

注：$^+ p<0.1$，$^* p<0.05$，$^{**} p<0.01$，$^{***} p<0.001$，无标注表示不显著。

表 6-8 展示了贫困农户与脱贫农户生计策略活动具体参与的差异。可以发现，贫困农户与脱贫农户在选择参与农作物种植、林作物种植、水产养殖、非农打工以及家庭经营活动方面都存在显著差异。在农作物种植方面，贫困农户与脱贫农户参与的比例均较高，贫困农户参与农作物种植的比例为 74.4%，显著高于脱贫农户参与农作物种植的比例（69.2%）；在林作物种植方面，贫困农户参与的比例为 9.7%，显著高于脱贫农户参与的比例（5.6%）；在家畜养殖方面，贫困农户与脱贫农户不存在显著差异；在水产养殖方面，贫困农户参与的比例为 4.7%，显著高于脱贫农户参与的比例（2.6%）；在非农打工方面，贫困农户参与的比例为 28.0%，显著低于脱贫农户，脱贫农户中有 40.4% 的人参与了非农打工；在家庭经营活动方面，有 3.9% 的贫困农户参与了家庭经营活动，显著低于脱贫农户参与家庭经营活动的比例（10.5%）。

综上可以看出，贫困农户与脱贫农户大多参与了农作物种植的生计活动，贫困农户参与农作物种植的比例显著高于脱贫农户，而脱贫农户参与非农打工的比例显著高于贫困农户。贫困农户生计策略更多集中于以农业为主的生计活动，而脱贫农户有更多选择，会从事非农打工等非农类型的生计活动。

表 6-8　生计策略活动参与状况

		贫困农户频数（百分比）/均值（标准差）	脱贫农户频数（百分比）/均值（标准差）	差异性检验
农作物种植	否	66（25.6%）	144（30.8%）	+
	是	192（74.4%）	324（69.2%）	

续表

		贫困农户频数（百分比）/均值（标准差）	脱贫农户频数（百分比）/均值（标准差）	差异性检验
林作物种植	否	232（90.3%）	442（94.4%）	*
	是	25（9.7%）	26（5.6%）	
家畜养殖	否	202（78.6%）	373（79.7%）	
	是	55（21.4%）	95（20.3%）	
水产养殖	否	254（95.3%）	456（97.4%）	+
	是	12（4.7%）	12（2.6%）	
非农打工	否	185（72.0%）	279（59.6%）	***
	是	72（28.0%）	189（40.4%）	
家庭经营活动	否	247（96.1%）	419（89.5%）	**
	是	10（3.9%）	49（10.5%）	

注：$^+ p<0.1$，$^* p<0.05$，$^{**} p<0.01$，$^{***} p<0.001$，无标注表示不显著。百分比以贫困农户（脱贫农户）是否参与某一具体生计策略人数为基数。

6.3 补偿性政策认知对生计策略的影响分析

6.3.1 补偿性政策认知对生计策略的影响结果

表6-9给出了补偿性政策认知对生计策略的影响分析结果。

模型1反映了补偿性政策知晓度对农户生计策略的影响，农户对于农村居民最低生活保障政策、新型农村合作医疗政策、新型农村社会养老保险政策、农业保险保费补贴政策、农村危房改造补贴政策、退耕还林还草补贴政策、残疾人补贴政策的知晓度对其选择非农型生计策略均无显著影响，农户对于农村居民最低生活保障政策、新型农村合作医疗政策、农村危房改造补贴政策、退耕还林还草补贴政策、残疾人补贴政策的知晓度对其选择多样化生计策略均无显著影响，而农户对于新型农村社会养老保险政策、农业保险保费补贴政策的知晓度对其选择多样化生计策略有显著的负向影响，这意味着相较于纯农型生计策略，农户对于新型农村社会养老保险政策、农业保险保费补贴政策的知晓度越高，越愿意选择纯农型生计策略而不是多样化生计策略。

第6章 政策认知对农村脱贫人口生计策略的影响

表6-9 补偿性政策认知对生计策略的影响

	模型1 非农型生计策略	模型1 多样化生计策略	模型2 非农型生计策略	模型2 多样化生计策略	模型3 非农型生计策略	模型3 多样化生计策略	模型4 非农型生计策略	模型4 多样化生计策略
补偿性政策知晓度								
农村居民最低生活保障	0.886	1.261	1.106	1.370	1.226	1.501+	1.540	1.531
新型农村合作医疗	1.305	1.668	1.430	1.638*	1.269	1.563+	2.104*	1.906+
新型农村社会养老保险	0.740	0.739*	0.499**	0.530**	0.449**	0.491**	0.404**	0.542*
农业保险保费补贴	0.879	0.855+	0.863	0.843	0.919	0.843	0.671	0.578**
农村危房改造补贴	0.751	1.112	0.701+	1.016	0.699+	1.025	0.663	1.119
退耕还林还草补贴	1.169	0.933	1.162	0.845	1.206	0.831	1.298	0.868
残疾人补贴	0.900	0.870	0.866	0.812	0.958	0.822	0.742	0.870
补偿性政策满意度								
农村居民最低生活保障			0.642*	0.918	0.766	1.058	0.761	1.273
新型农村合作医疗			0.832	0.979	0.780	0.887	0.532+	0.896
新型农村社会养老保险			1.808*	1.605*	1.927*	1.647*	1.775+	1.360
农业保险保费补贴			1.152	1.050	1.024	1.010	1.591	1.045
农村危房改造补贴			1.096	1.110	1.255	1.229	1.347	0.969
退耕还林还草补贴			1.146	1.495*	1.276	1.417+	1.082	1.247
残疾人补贴			0.997	0.938	0.923	1.014	1.406	1.082
贫困类别（基准：贫困农户）脱贫农户					2.529***	2.193***	2.157*	1.446
生计资本								
人力资本								
家庭规模							1.023	1.447***
健康状况							1.746**	1.557**
受教育程度							0.908	1.046
工作能力（基准：无手艺技能）有手艺或技能							0.762	0.600+

续表

	模型 1		模型 2		模型 3		模型 4	
	非农型生计策略	多样化生计策略	非农型生计策略	多样化生计策略	非农型生计策略	多样化生计策略	非农型生计策略	多样化生计策略
（基准：无技能培训）有技能培训							1.410	1.434
物质资本								
住房面积							0.997	0.996
住房结构							0.867	1.139
生产工具耐用品数量							0.988	1.086
自然资本								
耕地面积							0.942*	1.013
林地面积							0.958	1.019
社会资本								
获得的社会支持							0.875	0.853+
社会网络规模							0.970	0.996
社会组织参与							0.900	1.482*
金融资本								
家庭储蓄							1.519**	1.235+
金融可及性							0.875	1.056
Cox and Snell R^2	0.034		0.065		0.100		0.265	
Nagelkerke R^2	0.039		0.075		0.116		0.308	
-2LL	741.515*		1142.490**		1039.078***		818.416***	
N	715		715		649		490	

注：+ $p<0.1$，* $p<0.05$，** $p<0.01$，*** $p<0.001$，无标注表示不显著。

模型2放入了补偿性政策满意度的相关变量，回归结果发生了变化。在知晓度层面，农户对于新型农村社会养老保险政策和农村危房改造补贴政策的知晓度对其选择非农型生计策略呈显著负向影响，即农户对于新型农村社会养老保险政策、农村危房改造补贴政策的知晓度越高，越倾向于选择纯农型生计策略，而不愿选择非农型生计策略。农户对于新型农村合作医疗政策的知晓度对其选择多样化生计策略有显著的正向影响，即农户对于新型农村合作医疗政策知晓度越高，越愿意选择多样化生计策略。而农户对于新型农村社会养老保险政策的知晓度对其选择多样化生计策略有显著的负向影响，即农户对于该政策知晓度越高越倾向于选择纯农型生计策略。

在满意度层面，相较于选择纯农型生计策略，农户对于农村居民最低生活保障政策的满意度对其选择非农型生计策略有显著的负向影响，农户对于新型农村社会养老保险政策的满意度对其选择非农型生计策略有显著的正向影响，农户对于新型农村社会养老保险政策、退耕还林还草补贴政策的满意度对其选择多样化生计策略有显著的正向影响。

模型3放入了贫困类别的控制变量。在知晓度层面，农户对于农村居民最低生活保障政策的知晓度对其选择多样化生计策略有显著的正向影响。农户的贫困类别对于农户的生计策略选择有显著的影响。相较于非农型生计策略与多样化生计策略，贫困农户会更倾向于选择纯农型生计策略，而脱贫农户会更愿意选择非农型生计策略和多样化生计策略。

模型4在模型3的基础上纳入生计资本的控制变量。结果显示，农户对新型农村合作医疗政策的知晓度对其选择非农型生计策略和多样化生计策略有显著的正向影响，尤其是对农户选择非农型生计策略而言，相较于选择纯农型生计策略，农户对于新型农村合作医疗政策的知晓度越高，选择非农型生计策略的可能性越高。而农户对于新型农村社会养老保险政策的知晓度对其选择非农型生计策略和多样化生计策略均有显著的负向影响，农户对于农业保险保费补贴政策的知晓度对其选择多样化生计策略有显著的负向影响，这意味着农户对于新型农村社会养老保险政策和农业保险保费补贴政策的知晓度越高，越倾向于选择纯农型生计策略。

在满意度层面，农户对于新型农村合作医疗的满意度对其选择非农型生计策略有显著的负向影响，即农户对于新型农村合作医疗政策的满意度越高，越倾向于选择纯农型生计策略。农户对于新型农村社会养老保险政策的满意度对其选择非农型生计策略有显著的正向影响，即农户对于新型农村合作医疗政策的满意度越高，越倾向于选择非农型生计策略。

在贫困类别方面，贫困类别对于多样化生计策略的显著影响消失，贫困类别对于农户选择非农型生计策略有显著影响，可以看出，脱贫农户相较于贫困农户更愿意选择非农型生计策略。

在生计资本变量中，相较于纯农型生计策略，在农户的非农型生计策略选择方面，人力资本中的健康状况对于农户选择非农型生计策略有显著的正向影响，意味着农户家庭健康状况越好，越愿意选择非农型生计策略；自然资本中的耕地面积对于农户选择非农型生计策略有显著的负向影响，即农户家庭耕地面积越大，越倾向于选择纯农型生计策略；金融资本中的家庭储蓄对于农户选择非农型生计策略和多样化生计策略有显著的正向影响，即家庭储蓄越多的农户越愿意选择非农型生计策略和多样化生计策略；物质资本和社会资本对于农户选择非农型生计策略无显著影响。相较于纯农型生计策略，农户在多样化生计策略的选择中，在人力资本方面，家庭规模、健康状况对于农户选择多样化生计策略有显著的正向影响，即农户家庭规模越大、健康状况越好，越倾向于选择多样化生计策略；在工作能力方面，有手艺或技能的农户会更愿意选择纯农型生计策略。在社会资本方面，农户获得的社会支持对于农户选择多样化生计策略有显著的负向影响，农户获得的社会支持越多，越倾向于选择纯农型生计策略，而社会组织的参与对于农户选择多样化生计策略有显著的促进作用，农户参与的社会组织越多，越倾向于选择多样化生计策略。物质资本、自然资本和金融资本对于农户选择多样化生计策略无显著影响。

可以看出，从模型1到模型4，模型的显著性与拟合优度增强，模型的解释力增强。从模型1到模型4，Cox and Snell R^2 和 Nagelkerke R^2 从模型1中的0.034和0.039逐步增加到模型4的0.265和0.308，在模型4中，-2LL值为818.416，模型拟合优度较好。

6.3.2 结果讨论

在模型1到模型4中，新型农村社会养老保险的知晓度对于农户选择非农型生计策略和多样化生计策略表现出显著的负向影响，农户对于新型农村社会养老保险知晓度越高，越愿意选择纯农型生计策略，可能的解释是由于从短期来看，贫困农户参与新农保会因缴费导致其短期内的经济支出挤占了其生产和生活资金，因而农户对于该政策的知晓度越高，在选择生计策略上就会选择较为保守的纯农型生计策略（薛惠元，2013）。此外，对于开始享受该政策补贴的家庭而言，新型农村社会养老保险带来的转移收入在一定程度上可以减少贫困家庭的多元化投资需求,从而促使农户选择较为单一的生计策略(Carter and Barrett, 2006)。

但从模型 2 和模型 3 中可以看出,新型农村社会养老保险政策的满意度与农户选择非农型生计策略和多样化生计策略呈显著正相关关系。农户对于新型农村社会养老保险的满意度越高,越愿意选择非农型生计策略和多样化生计策略。农户对于该政策的满意度越高意味着农户对于该政策给其带来的收益和预期收益评价相对较高,农户认为该政策会降低其养老的预期风险,从而能够促使其选择非农型生计策略和多样化生计策略此类风险与收益相对较高的生计策略。但在模型 4 中,加入生计资本等相关变量后,新型农村社会养老保险政策满意度对农户选择多样化生计策略的显著影响消失,说明生计资本在新型农村社会养老保险政策对农户生计策略选择的影响关系中起着调节作用,削弱了新型农村社会养老保险满意度对农户选择多样化生计策略的影响,在生计资本作用下,农户会依赖于自身生计资本做出生计选择。

从模型 1 和模型 4 中可以看出,农户对于农业保险保费补贴政策的知晓度对于农户选择多样化生计策略有显著的负向影响,可以推测农业保险保费补贴政策对于农户选择农业生计策略有一定的激励作用,其原因可能是目前农业保险日渐成为农户分散农业生产风险的重要途径,农业保险保费补贴政策有助于帮助农户规避脆弱性风险,使农业保险更具保障功能,随着农业保险保费补贴等政策保障水平的提高,农户依靠农业获得的收入会趋于上升,因而农户会希望从事纯农生计策略来增加农业收入(邢鹂、黄昆,2007)。

从模型 2 到模型 4 中可以看出,新型农村合作医疗政策的知晓度对农户选择多样化生计策略有显著的正向影响,农户对于新型农村合作医疗策略的知晓度越高,相较于纯农型生计策略,农户越倾向于选择多样化生计策略,从模型 4 中可以看出,新型农村合作医疗策略的知晓度对农户选择非农型生计策略正向显著影响更大,而农户对于新型农村合作医疗政策的满意度对其选择非农型生计策略呈现显著的负向影响。农户对于新型农村合作医疗策略的知晓度、对于新型农村社会养老保险政策的满意度越高,相较于纯农型生计策略,选择非农型生计策略的可能性越大。其原因可能是新型农村合作医疗制度有助于缓解贫困农户就医负担,农户对于该政策的认知水平越高,越有助于其享受该政策,减少贫困农户"因病致贫、因病返贫"状况的发生,能够帮助农户提高劳动力，提升其人力资本，从而为其从事非农型生计及多样化生计提供劳动力支持。而农户对新型农村社会养老保险政策的满意度越高，表明该政策对于缓解农户家庭养老负担的作用越大，从而为农户家庭青壮年劳动力从事非农型生计策略提供了可能。

在模型 2 和模型 3 中，农村危房改造补贴政策的知晓度对农户选择非农型生计策略呈显著的负向影响，而在模型 4 中加入生计资本变量后，该显著影响消失，其原因可能是对于农村危房改造补贴政策与农户的物质资本紧密相关，因而生计资本在农村危房改造补贴政策对农户对于生计策略的选择的影响中起着调节作用。农村危房改造补贴政策知晓度的提高有助于提升农户的物质资本，从而使农户家庭劳动力留在家庭从事农业活动的概率增加，农户会更倾向于依靠农业收入作为其主要的生计策略（苏芳等，2009；彭清等，2017）。

在模型 2 和模型 3 中，退耕还林还草补贴政策的满意度对农户选择多样化生计策略呈显著的正向影响，说明在政策实施良好的情况下，退耕还林还草补贴政策有助于促使贫困农户家庭农业富余劳动力向非农部门转移（Zilberman et al., 2008）。由于生态补偿政策对农户生计的影响，是建立在农户决策基础上的，会受到生计资本、多重不完善市场对农户行为的限制等要素的影响（李树茁等，2010）。在模型 4 中加入生计资本等变量后，受到生计资本的调节作用，退耕还林还草补贴政策的满意度对农户从事多样化生计策略的影响消失。

从模型 3 和模型 4 中可以看出，贫困农户类别对于农户选择非农型与多样化生计策略呈正向影响，与描述性分析结果一致，贫困农户更愿意选择纯农型生计策略，农业仍然是贫困农户的主要收入来源（马铃、刘晓昀，2014）。脱贫农户相较于贫困农户更愿意选择非农型生计策略和多样化生计策略。在模型 4 中加入生计资本变量后，脱贫农户对于非农型生计策略选择的影响变小，显著性减弱，脱贫农户对于多样化生计策略选择的显著影响消失。这表明生计资本在贫困类别对生计策略选择的影响关系中起着调节作用，生计资本对农户生计策略由纯农型向非农型转化的影响更为显著。由于脱贫农户的生计资本相较于贫困农户更为丰富，因而脱贫农户选择非农型生计策略的概率也相对较高。

模型4的回归分析结果表明，农村居民最低生活保障政策、新型农村合作医疗政策、新型农村社会养老保险政策、农业保险保费补贴政策、农村危房改造补贴政策、退耕还林还草补贴政策等补偿性政策认知对生计策略选择的影响系数或显著性在加入生计资本控制变量后均有所变化，说明生计资本在贫困农户和脱贫农户的补偿性政策认知对其生计策略的影响关系中起着调节作用。在人力资本中，家庭规模较大的农户更倾向于选择多样化生计策略，由于家庭耕地资源的有限，家庭规模越大的农户家庭劳动力剩余越多，越倾向于向多样化生计策略转移（郝海广等，2010）。良好的健康状况为农户外出打工和开展非农经营提供了劳动力支持，相较于纯农型生计策略，健康状况更好的农户更倾向于选择非农型生计策略和多样化生计策略。农户家庭劳动力优势是促使农户选择多样化生计策略的重要原因之一（Ellis，1987）。受教育程度对于农户生计策略的选择无显著影响，这可能与贫困农户从事的生计活动主要是体力劳动型、不需要太多的文化知识水平有关，因而受教育程度优势并不能在农户生计中起到重要作用（安士伟、樊新生，2018）。由于贫困农户与脱贫农户受教育程度普遍偏低，且其能获取的教育资源相对有限，相较于基础知识，农户更需要获得技术培训等教育资源来提高自身生计能力，以满足其选择生计策略的需要。由于目前农户所掌握的大多是依靠传统种植经验的、与农业相关的手艺或技能，相较于多样化生计策略，有手艺或技能的农户会更倾向于选择纯农型生计策略。农村职业教育和劳动力培训普遍较为薄弱，且技能培训的户际不平等问题的存在，使贫困农户及脱贫农户不能通过职业培训提升自身生计能力、改善生计策略，所以农户接受的技能与培训对于农户选择生计策略方面不能起到显著的影响（夏瑞卿、杨忠，2013）。物质资本对于农户生计策略的选择无显著影响，农户家庭住房、生产性工具等物质资本的匮乏使得贫困农户生计活动的积极性较低（刘婧、郭圣乾，2012）。自然资本中，耕地面积对于农户从事非农型生计策略有显著的负向影响，而林地面积的系数不显著。这与以往研究中认为自然资本为农户从事农业生产、依靠农业生产获取更多的收入提供了条件，因此，农户对于农业生产的倾向会随着农户家庭自然资本的增加而增加的研究结果相一致（苏芳等，2009）。耕地规模等自然资本的获得，是阻碍生计从农业向非农业活动过渡的重要因素（张萍、沈晓婷，2015）。社会资本能够在贫困农户生计困难时为其提供外部的支持和帮助（李琳一、李小云，2007）。社会资本中，农户获得的社会支持对于农户选择多样化生计策略有显著的负向影响，农户获得的社会支持越多，越倾向于选择纯农型生计策略。因为农村贫困人口往往局限于亲缘与地缘网络，流动性较差，交往圈子固化，使得其无法接触到比自己社会阶层更高的人，所以就很难得到异质性的社会资本（刘凤鸣，2012）。贫困农户与脱贫农户基于亲缘及地缘关系所获得的社会支持仅能为其从事小规模农业生产提供生产帮助以及生活上的帮助。尽管家庭网络对农户的生计有重要的作用，但社会网络规模对于贫困农户和脱贫农户选择非农型生计策略和多样化生计策略无显著影响。农户家庭网络圈狭窄且较为同质，获取社会资源的能力有限，农户所处的社会网络圈在生产生活中可能会面临同样的困境，因此亲缘关系下的社会网络规模不能够为农户生计提供有力支持（李琳一、李小云，2007）。社会组织的参与对于农户选择多样化生计策略有显著的正向影响。农户参与社会组织越多，越会选择多样化生计策略。在产业扶贫的背景下，农民合作社、生产服务组织以及龙头企业带动的农户等社会组织的参与不仅可以为贫困农户提供更多的就业机会与信息，还能照顾到家中农活，因此，对于积极参与社会组织的农户而言，社会组织的参与对于他们选择多样化生计策略有促进作用（李志阳，2011）。金融资本中，农户家庭储蓄对于农户选择非农型生计策略有显著的正向影响。金融资本的增加更为农户从事非农生产提供了可利用资金，农户有能力从事第二、第三产业，依靠资金获取生产设施，用以经商或家庭经营获取更多的收入来源，实现生计多样化（苏芳等，2009）。由于农村金融体系的不完善、金融机构的缺失，加上贫困农户自身资本的匮乏，贫困农户所能获得的信贷机会十分有限，金融服务的可及性较低，金融可及性对于农户生计策略选择无显著影响。

6.4 发展性政策认知对生计策略的影响分析

6.4.1 发展性政策认知对生计策略的影响结果

表6-10展示了发展性政策认知对农户生计策略选择的回归分析结果。

模型 5 中，扶贫技术指导或农副业生产帮扶政策知晓度、子女义务教育补贴政策知晓度对农户从事非农型生计有显著的负向影响，农户对于扶贫技术指导或农副业生产帮扶政策、子女义务教育补贴政策的知晓度越高，越倾向于选择纯农型生计策略，农业生产或外出打工技能培训政策知晓度对农户从事非农型生计和多样化生计有显著的正向影响，农户对于农业生产或外出打工技能培训的知晓度越高，越倾向于选择非农型生计策略和多样化生计策略。与此同时，土地流转政策知晓度对农户选择非农型生计策略无显著影响，扶贫技术指导或农副业生产帮扶政策、子女义务教育补贴政策、土地流转政策知晓度对农户选择多样化生计策略无显著影响。

模型 6 中纳入发展性政策满意度变量之后，土地流转政策知晓度对农户选择非农型生计策略仍无显著影响，农业生产或外出打工技能培训政策知晓度对农户选择多样化生计策略的显著影响消失，同时扶贫技术指导或农副业生产帮扶政策知晓度、农业生产或外出打工技能培训政策知晓度、子女义务教育补贴政策知晓度对农户选择非农型生计策略的影响系数及显著性也均未发生根本变化。在满意度层面，扶贫技术指导或农副业生产帮扶政策满意度对非农型生计策略有显著的负向影响，对于多样化生计策略的选择有显著的正向影响。农业生产或外出打工技能培训政策满意度对农户选择非农型生计策略有显著的正向影响，对于多样化生计策略无显著影响。此外，子女义务教育补贴政策和土地流转政策对于农户生计策略的选择无显著影响。

模型 7 中纳入贫困类别变量后，农业生产或外出打工技能培训政策知晓度对农户非农型生计策略选择影响的显著性消失，子女义务教育补贴政策知晓度对农户选择多样化生计策略呈现显著的负向影响。扶贫技术指导或农副业生产帮扶政策知晓度对农户选择非农型生计策略的显著影响减小，影响的强度增强，子女义务教育补贴政策知晓度、扶贫技术指导或农副业生产帮扶政策满意度、农业生产或外出打工技能培训满意度对农户选择非农型生计策略的影响无显著变化。子女义务教育补贴知晓度对农户选择多样化生计策略呈现显著的负向影响，土地流转政策满意度对农户选择多样化生计策略呈显著的正向影响，扶贫技术指导或农副业生产帮扶政策满意度对农户选择多样化生计策略的正向影响无显著变化。贫困类别对于农户选择非农型生计策略和多样化生计策略有显著的正向影响,脱贫农户比贫困农户更愿意选择非农型生计策略和多样化生计策略。

模型8中,纳入五种生计资本控制变量后,农业生产或外出打工技能培训政策知晓度呈现对非农型生计策略选择的显著正向影响,土地流转政策知晓度呈现对多样化生计策略的显著负向影响。贫困类别对于多样化生计策略选择的显著影响消失。在生计资本变量中,人力资本中健康状况对于农户选择非农型生计策略有显著的正向影响,身体状况越好的农户,越倾向于选择非农型生计策略。自然资本中的耕地面积对于农户选择非农型生计策略有显著的负向影响,耕地面积越大的农户,相较于非农型生计策略,越愿意选择纯农型生计策略。金融资本中家庭储蓄对于农户选择非农型生计策略有显著的正向影响,家庭储蓄越多的农户,越倾向于选择非农型生计策略。物质资本和社会资本对于农户选择非农型生计策略无显著影响。人力资本中家庭规模和健康状况对于农户选择多样化生计策略有显著的正向影响,家庭规模越大、身体健康状况越好的农户越倾向于选择多样化生计策略。社会资本中,社会组织的参与对于农户选择多样化生计策略有显著的正向影响,社会组织的参与对农户选择多样化生计策略有显著的促进作用。金融资本中家庭储蓄对农户选择多样化生计策略有显著正向影响,家庭储蓄越丰富的农户越倾向于选择多样化生计策略。物质资本和自然资本对农户选择多样化生计策略无显著影响。

从模型5到模型8中可以看出,Cox and Snell R^2 和 Nagelkerke R^2 从模型5中的0.049和0.057逐步增加到模型8的0.287和0.334,在模型8中,-2LL值为803.199,模型拟合优度较好。

表6-10 发展性政策认知对生计策略的影响

| | 模型5 || 模型6 || 模型7 || 模型8 ||
	非农型生计策略	多样化生计策略	非农型生计策略	多样化生计策略	非农型生计策略	多样化生计策略	非农型生计策略	多样化生计策略
发展性政策知晓度								
扶贫技术指导或农副业生产帮扶	0.529***	1.113	0.570***	0.983	0.632*	1.011	0.569*	0.977

续表

	模型5		模型6		模型7		模型8	
	非农型生计策略	多样化生计策略	非农型生计策略	多样化生计策略	非农型生计策略	多样化生计策略	非农型生计策略	多样化生计策略
农业生产或外出打工技能培训	1.402*	1.255+	1.356+	1.175	1.310	1.126	1.630*	1.244
子女义务教育补贴	0.745*	0.893	0.720+	0.789	0.694+	0.719*	0.575*	0.647*
土地流转政策	1.067	0.832	1.059	0.729*	1.108	0.779	1.208	0.558**
发展性政策满意度								
扶贫技术指导或农副业生产帮扶			0.601**	1.357+	0.623*	1.339+	0.530*	1.571*
农业生产或外出打工技能培训			1.543*	1.071	1.625*	1.112	1.900*	1.153
子女义务教育补贴			1.041	1.170	1.058	1.270	1.143	1.140
土地流转政策			1.095	1.327	1.150	1.384+	0.997	1.567*
贫困类别（基准：贫困农户）								
脱贫农户					2.533***	2.213***	1.937*	1.314
生计资本								
人力资本								
家庭规模							1.074	1.501***
健康状况							1.646*	1.513**
受教育程度							0.935	1.096
工作能力（基准：无手艺技能）								
有手艺或技能							0.885	0.626
（基准：无技能培训）								
有技能培训							1.473	1.184
物质资本								
住房面积							0.996	0.997
住房结构							0.906	1.246
生产工具耐用品数量							1.022	1.072
自然资本								

续表

	模型 5		模型 6		模型 7		模型 8	
	非农型生计策略	多样化生计策略	非农型生计策略	多样化生计策略	非农型生计策略	多样化生计策略	非农型生计策略	多样化生计策略
耕地面积							0.931*	1.002
林地面积							1.003	1.015
社会资本								
获得的社会支持							0.886	0.883
社会网络规模							0.977	1.002
社会组织参与							0.898	1.441*
金融资本								
家庭储蓄							1.592**	1.242*
金融可及性							0.818	1.002
Cox and Snell R^2	0.049		0.078		0.103		0.287	
Nagelkerke R^2	0.057		0.090		0.120		0.334	
−2LL	409.081***		1011.240***		989.137***		803.199***	
N	715		715		649		493	

注：+$p<0.1$，*$p<0.05$，**$p<0.01$，***$p<0.001$，无标注表示不显著。

6.4.2 结果讨论

在模型5至模型8中，扶贫技术指导或农副业生产帮扶政策知晓度始终对于农户非农型生计策略的选择呈显著的负向影响，农户对于扶贫技术指导或农副业生产帮扶政策知晓度越高，越愿意选择纯农型生计策略，由于目前扶贫技术指导与农副业生产帮扶大多是针对农户农业生产进行的技术指导与帮扶，因此，选择纯农型生计策略的农户对于扶贫技术指导或农副业生产帮扶政策的知晓度要高于非农型生计的农户，同时也反映了选择纯农型生计策略的农户对于生产帮扶的迫切需求。

子女义务教育补贴政策知晓度始终对于农户非农型生计策略的选择呈显著的负向影响，农户对于子女义务教育补贴政策的知晓度越高，越倾向于选择纯农型生计策略。子女教育的经济负担有加剧贫困家庭贫困状况的倾向，在因学致贫、因学返贫的负激励下，贫困家庭承受较重的教育负担，会选择降低教育投资，导致子女教育不足，出现代际贫困（王国敏等，2017）。子女义务教育补贴政策有利于帮助农户解决家庭教育开支问题，减少了农户从事非农型生计及多样化生计以谋取经济收益的需求，从而有利于促使农户选择纯农型生计策略。

模型6至模型8中，扶贫技术指导或农副业生产帮扶政策满意度对农户选择非农型生计策略呈显著的负向影响，与知晓度对非农型生计策略选择的影响方向相一致，说明贫困农户在该政策中获益越多，越愿意选择纯农型生计策略，其原因可能是贫困农户在扶贫技术指导或农副业生产帮扶中获得了较多农业生产的技术与机会，从而能够帮助其发展农业生计策略。而扶贫技术指导或农副业生产帮扶政策满意度对农户选择多样化生计策略呈显著的正向影响，农户对该政策的满意度越高，相较于纯农型生计策略，越愿意选择多样化生计策略。说明扶贫技术指导或农副业生产帮扶在为农户提供农业生产指导与帮扶的同时，也会帮助贫困农户基于农业生产进行农业经营、家庭生产经营等，贫困农户在该政策中获益对于农户延长自身农业产业链，选择多样化生计策略有促进作用。农业生产或外出打工技能培训政策满意度对农户选择非农型生计策略有显著的正向影响，农户在农业生产或外出打工技能培训政策中的受益与满意度越高，越愿意选择非农型生计策略，这可能是因为该政策中所提供的外出打工技能培训能够有效帮助贫困农户提高自身工作能力，缓解贫困农户因受教育程度低、技术匮乏而导致的工作机会欠缺等问题，从而对农户从事打工等高回报的非农型生计产生促进作用。

模型7中加入农户贫困类别变量后，农业生产或外出打工技能培训政策知晓度对农户选择非农型生计策略的显著影响消失，模型6中土地流转政策知晓度对农户多样化生计策略的显著负向影响消失。子女义务教育补贴政策知晓度对农户选择多样化生计策略呈显著的负向影响，土地流转政策的满意度对农户选择多样化生计策略呈现显著的正向影响。说明农户类别在发展性政策对农户生计策略选择的影响中具有一定的调节作用。贫困类别对于农户选择非农型生计策略与多样化生计策略有显著的正向影响，脱贫农户相较于贫困农户更愿意选择非农型生计策略和多样化生计策略，可能是因为在扶贫政策帮扶作用下，脱贫农户相较于贫困农户生计资本有所提升，从而为其选择非农型与多样化生计策略提供资本基础。

　　模型 8 中加入生计资本的变量后，农户对于农业生产或外出打工技能培训政策的知晓度对农户选择非农型生计策略呈显著的正向影响。贫困人口的贫困形成不仅与其自身文化教育相关，而且会更多地受其所接受职业教育的影响，特别是与其所接受的非农职业教育密切相关。对于贫困人口而言，提供职业培训以帮助其实现再就业是帮助贫困人口实现可持续生计的重要方式。对贫困农户开展有针对性的职业教育与培训，一方面有利于帮助贫困农户提高其劳动生产率及务工技能，另一方面也有利于增强其自我就业的信心（王振振、王立剑，2019）。研究表明，通过相关培训为贫困人口提供必要的技能，能够增大其获得工作的机会（Sicat，2013）。因此，农户对于农业生产或外出打工技能培训政策的知晓度越高，越倾向于选择非农型生计策略。子女义务教育补贴政策知晓度对农户选择多样化生计策略呈现显著的负向影响，农户对于子女义务教育补贴政策的知晓度越高，越倾向于选择纯农型生计策略，由于子女义务教育补贴政策为农户子女教育提供了保障，帮助农户减少了家庭教育的支出，没有了家庭教育支出的压力，农户会更倾向于选择低收入的保守型生计策略即纯农型生计策略以维持家庭生计。土地流转政策知晓度对于农户选择多样化生计策略有显著的负向影响，而土地流转政策的满意度则对农户选择多样化生计策略有显著的促进作用。这反映了作为保障农户生计的重要资本，农户对于土地有较强的依赖性。在知晓度层面，可能由于农户对于土地流转政策了解不够深入，对于该政策会持有怀疑态度，担心自身权益在土地流转过程中无法得到有效保障，因此更希望选择以土地为基础的纯农型生计策略。而在农户参与了土地流转政策，对于该政策较为满意及信任的情况下，贫困农户会选择在保证自身生计的情况下将土地部分流转，在获取部分土地收益的同时能够有更多的人力从事多样化生计。可以看出，在对农户多样化生计策略选择的影响方面，发展性政策知晓度并不能促进农户生计策略的转型，而对于发展性政策的满意度则对农户选择多样化生计策略有显著的促进作用。在加入生计资本变量后，农户贫困类别对于农户选择非农型生计策略的显著影响消失，生计资本在农户贫困类别对生计策略的影响中起到了调节作用。在生计资本方面，与模型 4 相比，在对非农型生计策略的影响方面，显著变量未发生变化，人力资本中农户的健康状况以及金融资本中的家庭储蓄对于农户选择非农型生计策略呈显著的正向影响，自然资本中的耕地面积对于农户选择非农型生计策略呈显著的负向影响，其原因大概如文章第 5 章中所述。在对多样化生计策略选择的影响方面，人力资本中农户的家庭规模和健康状况、社会资本中社会组织参与对农户选择多样化生计策略的显著正向影响未发生变化，而人力资本中农户的手艺或技能对多样化生计策略选择的显著负向影响消失，其原因可能是在农业生产或外出打工技能培训政策的作用下，农户自身的工作能力会得到提高，提高了农户的人力资本，对农户选择多样化生计策略有一定的促进作用。社会资本中农户获得的社会支持对多样化生计策略选择的显著负向影响消失，其原因可能是农户本身获得的社会支持相对较为局限，对于多样化生计的负向影响有限，而发展性政策作为一种来自政府机构的正式社会支持，其对于农户多样化生计的促进作用一定程度上削弱了农户亲缘与地缘关系下的非正式社会关系网络支持对农户生计策略选择的影响。金融资本中的家庭储蓄开始对农户从事多样化生计呈显著的正向影响，其原因可能是，补偿性政策多以补贴的形式为贫困农户提供资金上的帮助，而发展性政策多以技术支持与指导的方式为农户生计提供支持，在发展性政策的影响下，农户自身的家庭储蓄对于农户选择多样化生计策略提供了资金基础，有显著的促进作用。

6.5 小结

本章对补偿性政策和发展性政策对生计策略的影响进行了深入分析。首先是现状描述，比较分析了贫困农户和脱贫农户的政策认知、生计资本和生计策略等方面的差异，并得出以下结论。

（1）在补偿性政策认知方面，贫困农户与脱贫农户间存在显著差异，贫困农户对于补偿性政策的认知显著高于脱贫农户。在知晓度层面，农户对于新型农村合作医疗政策、新型农村社会养老保险政策、农村居民最低生活保障政策的知晓度最高，对于农业保险保费补贴政策的知晓度最低。在满意度层面，农户对于新型农村合作医疗政策、新型农村社会养老保险政策、农村居民最低生活保障政策的满意度最高，贫困农户对于退耕还林还草补贴政策的满意度最低，脱贫农户对于农村危房改造补贴的满意度最低。

（2）在发展性政策认知方面，贫困农户与脱贫农户间存在一定程度的差异，贫困农户与脱贫农户对于发展性政策认知水平相对较低。在知晓度层面，贫困农户与脱贫农户对子女义务教育补贴政策的知晓度最高，对于农业生产或外出打工技能培训政策的知晓度最低，贫困农户与脱贫农户在土地流转政策知晓度上有显著差异，脱贫农户对于土地流转政策的知晓度显著高于贫困农户。在满意度层面，贫困农户与脱贫农户对子女义务教育补贴政策的满意度最高，对于农业生产或外出打工技能培训政策的满意度最低，贫困农户与脱贫农户在扶贫技术指导或农副业生产帮扶政策满意度上有显著差异，贫困农户对于扶贫技术指导或农副业生产帮扶政策的满意度显著高于脱贫农户。

（3）在生计资本状况方面，贫困农户与脱贫农户间存在显著差异，脱贫农户的生计资本水平显著高于贫困农户。在人力资本方面，贫困农户与脱贫农户生计资本条件较差，家庭规模较小、身体健康状况较差、受教育水平偏低、较少拥有手艺或技能，接受过职业技能培训的比例较低。相较于贫困农户，脱贫农户人力资本水平相对较高，脱贫农户家庭规模相对较大，身体健康状况要优于贫困农户，受教育水平相对较高，有手艺或技能的比例相对较高。在物质资本方面，贫困农户与脱贫农户的物质资本水平均相对较高，脱贫农户在家庭住房面积、住房结构及家庭生产工具耐用品数量等方面的状况要显著优于贫困农户。在自然资本方面，贫困农户和脱贫农户拥有的耕地面积和林地面积较小，不存在显著差异。脱贫农户拥有的耕地面积大于贫困农户，拥有的林地面积小于贫困农户。社会资本中，脱贫农户获得的社会支持多于贫困农户，社会网络规模大于贫困农户，在社会组织参与方面，贫困农户与脱贫农户社会组织参与数量均较少，不存在显著差异。金融资本中，在家庭储蓄方面，脱贫农户与贫困农户家庭储蓄金额均较小，但脱贫农户家庭储蓄金额相对较大，要显著大于贫困农户；金融可及性方面，脱贫农户金融可及性水平高于贫困农户，但不显著，贫困农户与脱贫农户金融可及性水平整体较低。整体而言，脱贫农户家庭金融资本水平高于贫困农户。

(4) 在生计策略状况方面，贫困农户与脱贫农户在生计策略选择和生计活动参与状况上存在显著差异。贫困农户与脱贫农户选择纯农型生计策略的比例相对较高，选择非农型生计策略的比例相对较低。相较而言，脱贫农户生计策略的多样化程度较高，脱贫农户选择多样化生计策略及非农型生计策略的比例要高于贫困农户。在生计活动参与状况方面，目前多数贫困农户与脱贫农户以农业为基础，从事农作物种植、家畜养殖等生计活动。贫困农户更倾向于从事农林种植、水产养殖等农业生产经营活动，而脱贫农户从事非农打工与家庭经营活动的比例要显著高于贫困农户。

在此基础上，本章分别对补偿性政策和发展性政策对生计策略的影响进行了分析，最终得出以下主要结论。

(1) 补偿性政策方面

A. 新型农村合作医疗政策知晓度对农户选择非农型生计策略及多样化生计策略有显著的正向影响，新型农村社会养老保险政策知晓度对农户选择非农型生计策略及多样化生计策略有显著的负向影响。农业保险保费补贴政策知晓度对农户选择多样化生计有显著的负向影响，农户对于新型农村合作医疗政策的满意度对农户选择非农型生计策略有显著的负向影响，农户对于新型农村养老保险政策的满意度对农户选择非农型生计策略有显著的正向影响。

B. 贫困类别对于农户选择非农型生计策略有显著影响，相较于贫困农户，脱贫农户在非农型生计策略的选择上意愿更强。同时，贫困农户类别在农村居民最低生活保障政策知晓度对农户生计策略选择的影响中起着重要的调节作用。

C. 在生计资本方面，人力资本、自然资本和金融资本会对农户选择非农型生计策略产生显著影响；人力资本和社会资本会对农户选择多样化生计策略产生显著影响。人力资本中的健康状况、自然资本中的耕地面积、金融资本中的家庭储蓄会对农户选择非农型生计策略和多样化生计策略产生显著影响，除耕地面积对于农户选择非农型生计策略是负向影响外，其余变量会对农户选择非农型生计策略产生正向影响。人力资本中的家庭规模、健康状况、农户拥有的手艺或技能以及社会资本中农户获得的社会支持、社会组织参与状况会对农户选择多样化生计策略产生显著影响，其中家庭规模、健康状况以及社会组织参与会对农户选择多样化生计策略产生正向影响，而农户拥有的手艺或技能以及农户获得的社会支持，会促使农户选择纯农型生计策略。

总体而言，在补偿性政策对农户生计策略选择的影响方面，新型农村合作医疗政策知晓度以及农户的贫困类别、健康状况、家庭储蓄对于农户选择非农型生计策略有显著的促进作用；新型农村社会养老保险政策知晓度、新型农村合作医疗政策满意度、耕地面积对于农户选择非农型生计策略有显著的负向影响；新型农村合作医疗政策知晓度、家庭规模、健康状况、社会组织参与对于农户选择多样化生计策略有显著的促进作用；新型农村社会养老保险政策知晓度、农业保险保费补贴政策知晓度、农户的手艺和技能、农户获得的社会支持对于农户选择多样化生计策略有显著的负向影响。

（2）发展性政策方面

A. 农业生产或外出打工技能培训政策知晓度和满意度对农户选择非农型生计策略有显著的正向影响，扶贫技术指导或农副业生产帮扶政策知晓度和满意度对农户选择非农型生计策略有显著的负向影响。子女义务教育补贴政策知晓度对农户选择非农型生计策略和多样化生计策略有显著的负向影响。土地流转政策知晓度对农户选择多样化生计策略有显著的负向影响，而此政策的满意度却对农户选择多样化生计策略有显著的促进作用。

B. 贫困类别对于农户选择非农型生计策略有显著影响，相较于贫困农户，脱贫农户在非农型生计策略的选择上意愿更强。同时，贫困农户类别在农业生产或外出打工技能培训政策和土地流转政策对农户生计策略选择的影响中起着重要的调节作用。

C. 在生计资本方面，与补偿性政策对农户非农型生计策略的影响相似，人力资本中农户的健康状况以及金融资本中的家庭储蓄对于农户选择非农型生计策略呈显著的正向影响，自然资本中的耕地面积对于农户选择非农型生计策略呈显著的负向影响。在对农户多样化生计策略选择的影响方面，人力资本中的家庭规模、健康状况，社会资本中农户社会组织参与状况仍会对农户选择多样化生计策略产生显著的正向影响，而人力资本中农户的手艺或技能、社会资本中农户获得的社会支持对多样化生计策略选择的显著负向影响消失,金融资本中的家庭储蓄开始对农户选择多样化生计策略呈显著的正向影响。农业生产或外出打工技能培训政策对农户生计策略选择的影响会受到生计资本变量调节作用的影响。

总体而言,在发展性政策对农户生计策略选择的影响方面,农业生产或外出打工技能培训政策知晓度和满意度、农户的贫困类别、农户的健康状况和家庭储蓄对于农户选择非农型生计策略有显著的促进作用;扶贫技术指导或农副业生产帮扶政策知晓度和满意度、子女义务教育补贴政策知晓度、耕地面积对于农户选择非农型生计策略有显著的负向影响;扶贫技术指导或农副业生产帮扶政策和土地流转政策满意度、农户的家庭规模和健康状况、农户的社会组织参与状况以及农户家庭储蓄会对农户选择多样化生计策略有显著的促进作用;子女义务教育补贴政策知晓度、土地流转政策知晓度对于农户选择多样化生计策略有显著的负向影响。

第7章 生计策略对农村脱贫人口生计结果的影响

本章基于第3章的农村脱贫人口可持续生计分析框架,并利用第4章收集的数据,针对生计策略对农村脱贫人口生计结果的影响进行研究分析。首先对研究中涉及的相关变量及采用的策略和方法进行介绍。在此基础上,比较分析不同贫困类型农户生计结果的差异,最终对农村脱贫人口家庭收入、幸福感、食物安全、自然资源利用的可持续性等生计结果的影响因素进行深入分析。

7.1 研究设计

生计策略体现的是农户采用不同的方式对自身所拥有的生计资产进行组合和使用,从而达到期望的生计结果(何仁伟等,2013)。生计结果则是生计策略的成果和产出,它包括收入、家庭福利的增加,脆弱性的降低,食物安全性的提高以及自然资源的可持续利用等(斯丽娟等,2019)。农户生计策略的差异会导致个体间生计结果的差异。而生计结果实际上构成了农户未来生计空间开拓的主要基础,会反作用于生计资本,制约着未来的生计策略和生计结果,影响新一轮的生计循环过程(马志雄等,2018)。正如第3章分析框架所展示的,农户生计策略的最终影响体现在农户的生计结果中。农户采取不同的生计策略对不同的生计结果有不同的影响。本节将对研究所涉及的变量及使用的方法和策略进行详细的介绍。

7.1.1 变量设置

(1) 因变量

生计结果。在可持续生计分析框架中，生计结果是指处于脆弱性环境中的农户通过有效的生计策略而追求的生计目标。在宏观层面上，生计结果关注公共服务均等化、生计发展能力和权利保障，强调实现贫困户生计可持续性（黄江玉、曹富国，2019）。在微观层面，生计结果是农户经济水平以及居住的自然环境的体现，可以具体表现为农户生活水平提高、脆弱性降低、食物安全性提高、资源利用优化等（李会琴等，2020），也可以是收入增加，获得感、幸福感和满意感等民生"三感"的提升，资产配置效率的提高等（李秉文，2020）。综合以往研究，本章将生计结果具体化为农户的收入、幸福感、食物安全、自然资源利用的可持续性等四个方面。

农户收入是通过对问卷中题项"和上年相比，今年您的家庭总收入如何变化"的处理得到的。具体处理方法为：若今年收入对比去年明显增加，则赋值为1；若今年收入对比去年明显减少，则赋值为2；若今年收入对比去年基本不变，则赋值为3。在研究中通过对题项进行处理，生成新的变量农户收入，将原题选项3定义为"0=基本不变"，将原题选项2定义为"1=收入明显减少"，将原题选项1定义为"2=收入明显增加"。

农户幸福感是通过对问卷中题项"您对家里目前的生活状况满意吗"的处理得到的。其中，"1=非常满意；2=比较满意；3=一般；4=比较不满意；5=非常不满意"。

农户食物安全是通过对问卷中以下3个题项的处理得到的：①"您家已经解决温饱问题了吗"；②"您和您家人的营养摄入充足吗"；③"您家是否经常变换食物花样"。具体处理方法为：首先在研究中根据研究需要对于该题项进行反向赋值后纳入分析，由于3个题项的选项方向一致，可以将3个题项数据求和，最终获得一组数据代表农户食物安全。

农户自然资源利用的可持续性由两个部分组成，第一部分生产废物处理方式是通过对问卷中题项"您家如何处理农作物秸秆"的处理得到的。其中，"1=焚烧；2=丢弃；3=卖掉；4=其他"。在研究中通过对题项进行处理，生成新的变量农户生产废物处理方式，将原题选项4定义为"0=其他"，其他选项不变。

第二部分肥料和能源使用是分别通过以下2个题项得到的：①"在过去的一年中家里使用农家肥多少公斤"；②"在过去的一年中您的家庭共使用柴火多少公斤"。

（2）自变量

生计策略。本章从农户生计活动的角度对生计策略进行界定。主要选取了生产活动来对农户的生计策略进行研究，并将生计策略划分为纯农型生计策略、非农型生计策略和多样化生计策略。

题项通过直接询问农户"你家目前从事哪种生产经营活动"来对农户生产活动种类及数量进行考察。该题项为多项选择题，答案选项设置为"1=农作物种植；2=畜牧养殖；3=水产养殖；4=林作物种植；5=非农打工；6=家庭经营活动"，农户根据其家庭所主要从事的生产经营活动类型进行选择。具体处理方法为：纯农型生计策略指在原题项中选择了农作物种植或畜牧养殖、水产养殖、林作物种植中的任一项或多项，而未选择非农打工或家庭经营活动；非农型生计策略指在原题项中选择了非农打工或家庭经营活动中的任一项或多项，而未选择农作物种植、畜牧养殖、水产养殖、林作物种植；多样化生计策略指在原题项中选择了农作物种植或畜牧养殖、水产养殖、林作物种植中的任一项或多项，且选择了非农打工或家庭经营活动中的一项或多项。

（3）控制变量

贫困类别。为了实现对于贫困户的精准识别，国家对于贫困户实行建档立卡管理。建档立卡贫困户认定标准是以2013年国家统计的农民人均纯收入2736元为准，人均纯收入低于2736元就符合认定识别标准，可以成为建档立卡贫困户，即国家标准贫困户。同时，由于地区的经济发展差异，国家规定可以由各省、自治区、直辖市在确保能完成国家农村扶贫标准识别任务的基础上，结合当地的实际情况，按照地方标准来开展建档立卡贫困户识别，即建立省定标准贫困户。研究的调查对象为建档立卡的贫困农户，包括现期贫困农户和脱贫农户。现期贫困农户即当前仍是贫困农户的农户；脱贫农户即曾经是贫困农户，目前已实现脱贫的贫困农户。本变量通过问卷中"您家现在是否为贫困户"的题项来对农户类别进行判断。问卷中题项答案包括三个选项,分别为"1=曾经是贫困户,现在已脱贫;2=是国家标准贫困户;3=是省定标准贫困户"。在研究中通过对题项进行处理,生成新的变量贫困类别,将原题选项1定义为"0=脱贫农户",将原题选项2和选项3合并,定义为"1=贫困农户",以便于开展研究。

生计资本。按照可持续生计分析框架对生计资本种类的划分,生计资本共包括人力资本、社会资本、自然资本、物质资本和金融资本等五种资本。

人力资本通过家庭规模、健康状况、受教育程度、工作能力评判。其中,家庭规模为连续变量,以问卷中"家庭户籍人口数"为指标;健康状况为定序变量,通过询问"您的身体健康状况如何",答案为"1=非常好;2=好;3=一般;4=不好;5=非常不好"五个级别进行测量,在研究中根据研究需要对该题项进行了反向赋值,令"1=非常不好;2=不好;3=一般;4=好;5=非常好"后纳入分析;受教育程度为定序变量,通过询问"您目前的受教育程度",以"1=没上过学;2=小学;3=初中;4=高中(含中专、技校);5=本科(大专)及以上"五个级别加以测量;工作能力为分类变量,通过询问"您是否熟练掌握某项手艺或技术(如木匠、泥水匠、种养技能等)"和"您是否接受过职业技能培训(包括农业技能培训,养殖技能培训、加工制造技能培训等)",答案以"0=是;1=否"来进行测度。

社会资本通过农户获得的社会支持、社会网络规模、社会组织参与等三个指标进行测量。其中,农户所获得的社会支持为连续变量,该题项通过对农户获得的重大决策支持、心理支持和劳动力、技术、资金、物质支持以及社会活动的参与等维度进行测度。通过询问农户"生产、生活中做重要决策时亲戚、邻居或朋友是否会为其出主意;有高兴或不高兴的事时亲戚、邻居或朋友是否愿意听其诉说;在需要时,是否能够得到亲戚、邻居或朋友的安慰和鼓励;亲戚、邻居或朋友是否能够给其提供非常实际的帮助,如借钱、帮忙、种地等;有困难时,是否能够从农民合作社、接待机构等社会组织中获得资金、劳动力、物质等帮助;有困难时,是否能够得到政府的救助和补贴,是否参加宗教活动,是否参加村里的互助协会,是否经常和亲戚/朋友一起吃饭、经常和亲戚/朋友打电话、经常和邻里在一起进行娱乐活动（如打牌、麻将等），对其他人是否信任"等题项来判断农户所获得的社会支持。农户符合该题项描述就得1分，最后由这些题项的分数加总得出农户获得的社会支持的总分。社会网络规模为连续变量，通过"做重要决策时可商量的家人、亲戚、熟人、朋友等人的数量；心情不好时可倾诉的人数；急需大笔开支时可求助的人数；遇到农业生产困难时可求助的人数；生病需要照顾时可求助的人数"的总人数来进行测量。社会组织参与为连续变量，通过询问农户"共加入了几个专业合作组织、生产服务组织、龙头企业（或公司）带动的农户等该类所述的组织"，以农户加入的上述组织个数来进行测量。

自然资本通过耕地面积和林地面积两个指标来测量，耕地面积和林地面积均为连续变量，分别通过询问"家中可使用的耕地（粮田、菜地）面积""家中可使用的林地（包括自留山、承包林等）面积"来加以测量。

物质资本通过农户住房面积、住房结构、生产工具耐用品数量三个指标评判。结合农村生产生活情况，住房面积为连续变量，以农户家庭通常拥有的宅基地面积进行测度，通过询问农户"您家所拥有的宅基地面积为多少"来对住房面积进行判断；住房结构通过询问农户"您家庭的房屋结构"来进行判断，以"1＝钢筋混凝土；2＝砖瓦砖木结构；3＝砖混结构；4＝竹草土坯；5＝其他"来进行测量。在研究中根据研究需要对于该题项进行了重新赋值，将选项合并处理后得到"0＝其他；1＝差（竹草土坯）；2＝中（砖混结构、砖瓦砖木结构）；3＝好（钢筋混凝土）"并纳入分析；生产工具耐用品数量是由问卷中测量农户家庭拥有的生产性工具、交通工具和生活耐用品数量加总来进行计算，为连续变量。

金融资本是通过农户家庭储蓄和金融可及性两个指标评判，其中，家庭储蓄为定序变量，通过询问"您家目前存款总额约为多少"，处理后以"1＝无；2＝1～2999元；3＝3000～5999元；4＝6000～8999元；5＝9000元及以上"加以测量；金融可及性为连续变量，选取问卷中"扶贫小额贴息贷款、银行或信用社等处贷款、亲朋好友处借款、高利贷贷款的可及性"等题项进行合并处理后得到的指标。

因变量、自变量和控制变量的基本信息见表 7-1。

表 7-1 变量基本信息

变量	变量描述	频数（百分比）/均值（标准差）
因变量		
生计结果：农户收入	0=基本不变	528（61.5%）
	1=收入明显减少	61（7.1%）
	2=收入明显增加	270（31.4%）
农户幸福感	农户对家里目前的生活状况的满意程度，连续变量	2.41（0.772）
农户食物安全	农户家庭的温饱问题、日常饮食的营养摄入与食物花样的总和，连续变量	6.86（1.22）
农户自然资源利用的可持续性		
农户生产废物处理方式	0=其他	264（33.6%）
	1=焚烧	257（32.7%）
	2=丢弃	172（21.9%）
	3=卖掉	93（11.8%）
农户物品使用	在过去的一年中家里使用农家肥数量，连续变量	132.4（527.33）
	在过去的一年中家庭共使用柴火数量，连续变量	798.4（1450.5）
自变量		
生计策略：纯农型生计策略	选择农作物种植或畜牧养殖、水产养殖、林作物种植中的任一项或多项，而未选择非农打工或家庭经营活动	352（54.1%）
非农型生计策略	选择非农打工或家庭经营活动中的任一项或多项，而未选择农作物种植、畜牧养殖、水产养殖、林作物种植	109（16.8%）
多样化生计策略	选择农作物种植或畜牧养殖、水产养殖、林作物种植中的任一项或多项，且选择了非农打工或家庭经营活动中的一项或多项	289（29.1%）

续表

变量	变量描述	频数（百分比）/均值（标准差）
控制变量		
贫困类别：贫困农户	目前仍是贫困农户的农户，赋值为1	275（35.6%）
脱贫农户	曾经是贫困农户，目前已实现脱贫的贫困农户，赋值为0	498（64.4%）
生计资本		
人力资本：家庭规模	家庭户籍人口数，连续变量	3.95（1.798）
健康状况	个人身体健康状况	3.22（0.95）
受教育程度	1=没上过学	139（16.7%）
	2=小学	300（36%）
	3=初中	284（34.1%）
	4=高中（含中专、技校）	87（10.4%）
	5=本科（大专）及以上	24（2.8%）
工作能力 是否熟练掌握某项手艺或技术	0=是	271（32.6%）
	1=否	561（67.4%）
工作能力 是否接受过职业技能培训	0=是	287（34.4%）
	1=否	547（65.6%）
社会资本：获得的社会支持	农户获得的重大决策支持、心理支持、劳动力、技术、资金、物质支持以及社会活动的参与的总和	7.16（2.799）
社会网络规模	做重要决策、心情不好、急需大笔开支、遇到农业生产困难、生病需要照顾时可求助的总人数	12.16（7.19）
社会组织参与	农户共加入专业合作组织、生产服务组织、龙头企业（或公司）的总和	0.64（0.89）
自然资本：耕地面积	家庭可使用的耕地面积	4.37（6.303）
林地面积	家庭可使用的林地面积	1.03（4.205）
物质资本：生产工具耐用品数量	拥有的生产性工具、交通工具和耐用品种类之和	4.24（2.427）

续表

变量	变量描述	频数（百分比）/均值（标准差）
住房结构	0=其他	47（5.5%）
	1=差	33（3.8%）
	2=中	584（68.0%）
	3=好	195（22.7%）
住房面积	家庭所拥有的宅基地面积	209（54.609）
金融资本：家庭储蓄	1=无	275（36.6%）
	2=1~2999元	253（33.7%）
	3=3000~5999元	104（13.8%）
	4=6000~8999元	60（8%）
	5=9000元及以上	59（7.9）
金融可及性	将"扶贫小额贴息贷款、银行或信用社等处贷款、亲朋好友处借款、高利贷贷款的可及性"等题项进行合并处理得到指标	5.95（1.373）

7.1.2 分析策略

本章采用的分析策略为：首先，比较贫困农户和脱贫农户间生计结果的差异，对于连续变量采用单因素 ANOVA 检验，分类变量采用交叉表分析。需要说明的是，本章采用了与第 6 章相同的生计策略和生计资本变量，并且在第 6 章中已经对贫困农户和脱贫农户在这些变量上的差异做了详细的描述。因此，为节省篇幅起见，本章省略了对贫困农户和脱贫农户关于生计策略和生计资本变量差异的描述。

随后，分析农户生计策略对农户收入以及农户自然资源利用的可持续性中生产废物处理方式的影响。以 3 种农户收入类型和 4 种不同的处理方式为因变量，采用多元 Logistic 回归模型。先考察农户生计策略对全部农户的收入以及生产废物处理方式的影响，再加入贫困类别和生计资本变量，分别考察生计策略对不同类别农户的收入以及生产废物处理方式的影响。

最后，分析农户生计策略对农户幸福感、农户食物安全以及农户自然资源利用的可持续性中肥料和能源使用的影响。以农户对日常生活的感受、日常饮食情况、使用化肥和柴火数量为因变量，采用线性回归方法。先考察生计策略对农户幸福感、农户食物安全以及农户肥料和能源使用的影响，再加入贫困类别和生计资本变量，分别考察生计策略对不同类别农户的幸福感、食物安全以及肥料和能源使用的影响。

7.1.3 方法

由于农户收入以及农户自然资源利用的可持续性中生产废物处理方式为多分类变量，故采用公式（7-1）所示的 Logistic 回归模型分别对影响农户收入以及农户生产废物处理方式的因素进行分析。

$$P(Y=i \mid x,\omega) = \frac{e^{\omega_i \cdot x_i}}{(1 + \sum_i^{k-1} e^{\omega_i \cdot x_i})} ; i = 1, 2, \cdots \quad (7-1)$$

公式（7-1）式中，P 代表农户收入情况或选择处理方式的概率，X 则表示回归模型中纳入的 26 个自变量。X_1 为变量"生计策略"的分类变量，分别表示"纯农型生计策略"、"非农型生计策略"和"多样化生计策略"；X_2 为变量"农户类型"的分类变量，表示"贫困农户"和"脱贫农户"；X_3 表示连续变量"家庭规模"；X_4 表示分类变量"健康状况"；X_5 表示变量"受教育程度"的分类变量，分别表示"没上过学"、"小学"、"初中"、"高中（含中专、技校）"和"本科（大专）及以上"；X_6 为变量"工作能力"的分类变量，表示"是否熟练掌握某项手艺或技术"；X_7 为变量"工作能力"的分类变量，表示"是否接受过职业技能培训"；X_8 表示连续变量"获得的社会支持"；X_9 表示连续变量"社会网络规模"；X_{10} 表示连续变量"社会组织参与"；X_{11} 表示连续变量"耕地面积"；X_{12} 表示连续变量"林地面积"；X_{13} 表示连续变量"生产工具耐用品数量"；X_{14} 为变量"住房结构"的分类变量，分别表示"其他""差""中""好"；X_{15} 表示连续变量"住房面积"；X_{16} 为变量"家庭储蓄"的分类变量，分别表示"无"、"1~2999 元"、"3000~5999 元"、"6000~8999 元"和"9000 元及以上"；X_{17} 表示连续变量"金融可及性"。

农户幸福感、农户食物安全以及农户自然资源利用的可持续性中肥料和能源使用为连续变量，所以采用公式（7-2）式所示的回归模型来分析生计策略等变量对农户幸福感、食物安全以及肥料和能源使用的影响。

$$y = \beta_0 + \beta_1 X_1 + \cdots + \beta_k X_k + u; k=1,2,\cdots \qquad (7\text{-}2)$$

其中，y 表示农户幸福感、农户食物安全或肥料和能源使用，u 表示误差项，β_0 为截距，β_1、$\cdots$、β_k 分别表示 X_1、$\cdots$、X_k 的回归系数，X_1、$\cdots$、X_k 表示用来解释农户幸福感、食物安全或肥料和能源使用的变量，具体自变量含义与公式（7-1）相同。

7.2 生计策略对生计结果的影响分析

7.2.1 生计结果描述

表7-2比较了脱贫农户与贫困农户生计结果的差异。在农户收入方面，与上年相比，脱贫农户收入明显增加与明显减少的比例均高于贫困农户，而收入基本不变的比例低于贫困农户，但不存在显著差异。在农户食物安全方面，脱贫农户与贫困农户存在显著差异，脱贫农户的食物安全性显著高于贫困农户。在农户幸福感方面，脱贫农户与贫困农户存在显著差异，脱贫农户的幸福感显著低于贫困农户。在农户肥料和能源使用方面，脱贫农户的农家肥使用量小于贫困农户，而柴火的使用量大于贫困农户，但不存在显著异。在农户生产废物处理方式方面，脱贫农户焚烧秸秆的比例高于贫困农户，而丢弃和卖掉秸秆的比例低于贫困农户，但不存在显著差异。总体来看，脱贫农户的收入波动性要高于贫困农户，有更高的食物安全性，但幸福感较低，在自然资源利用的可持续性上的表现也比贫困农户更差。

表7-2 不同类型农户生计结果的差异

变量	农户		F/χ^2 检验
	脱贫农户	贫困农户	
	频数（百分比）/均值（标准差）	频数（百分比）/均值（标准差）	
生计结果			
农户收入：基本不变	298（59.8%）	185（63.4%）	
收入明显减少	39（7.8%）	17（5.8%）	
收入明显增加	161（32.3%）	90（30.8%）	

续表

变量	农户 脱贫农户 频数（百分比）/均值（标准差）	农户 贫困农户 频数（百分比）/均值（标准差）	F/X² 检验
农户食物安全	7.01（1.168）	6.46（1.179）	***
农户幸福感	2.31（0.719）	2.6（0.845）	***
农户肥料和能源使用：农家肥	114.41（475）	131.65（346.32）	
柴火	872.27（1402.48）	768.11（1544.92）	
农户生产废物处理方式：其他	121（29.6%）	78（31.6%）	
焚烧	160（39.2%）	72（29.1%）	
丢弃	81（19.9%）	61（24.7%）	
卖掉	46（11.3%）	36（14.6%）	

注：$^+ p<0.1$，$^* p<0.05$，$^{**} p<0.01$，$^{***} p<0.001$，无标注表示不显著。

7.2.2 生计策略对农户收入与生产废物处理方式的影响

表 7-3 列出了生计策略对不同类别农户收入影响的回归结果。

模型 A1 中，与选择纯农型生计策略的农户相比，选择多样化生计策略的农户收入明显增加的可能性更高。当在模型 A2 中加入贫困类别后，多样化生计策略选择对收入影响的方向与显著性均无明显变化。但贫困类别对收入没有产生显著影响。说明无论是贫困农户还是脱贫农户，多样化生计策略的采用都可能促进其收入明显增加。当模型 A3 中加入生计资本后，农户选择多样化生计策略对收入的显著影响消失，与此同时，生计资本中的健康状况、工作能力、获得的社会支持、社会组织参与都显著促进了农户收入增加，事实上健康状况、手艺和技能、社会支持强度以及专业合作组织、生产服务组织和龙头企业（或公司）的参与使农户具备了选择多样化生计的禀赋、技能、人脉等方面的基础（Ellis，1987；李志阳，2011；王振振、王立剑，2019）。生计资本中的生产工具耐用品数量则显著增加了收入基本不变的可能性。说明农业生产性工具和生活耐用品数量对收入增加的作用有限。模型的上述变化说明生计资本在生计策略对农户收入的影响关系中起着调节作用，改变了农户多样化生计策略对收入的影响。

表 7-3　生计策略对农户收入的影响

	农户收入					
	模型 A1		模型 A2		模型 A3	
	明显减少	明显增加	明显减少	明显增加	明显减少	明显增加
生计策略（基准：纯农型生计策略）						
非农型生计策略	1.584	0.722	1.572	0.772	1.340	0.631
多样化生计策略	1.203	1.548*	1.070	1.513*	0.718	1.618
贫困类别（基准：贫困农户）						
脱贫农户			1.288	1.091	1.658	1.155
生计资本						
人力资本						
家庭规模					1.136	0.911
健康状况					0.979	1.343+
受教育程度					1.221	0.893
工作能力（基准：无手艺或技能）						
有手艺或技能					1.266	2.055*
工作能力（基准：无技能培训）						
有技能培训					2.603	1.529
物质资本						
住房面积					0.994	0.997
住房结构					0.772	0.857
生产工具耐用品数量					1.073	0.853*
自然资本						
耕地面积					1.036	1.022
林地面积					4.201^{E-8}	0.983
社会资本						
获得的社会支持					0.861	1.253***
社会网络规模					1.053	0.974
社会组织参与					1.343	1.490*
金融资本						
家庭储蓄					0.805	1.095
金融可及性					1.142	0.826

续表

	农户收入					
	模型 A1		模型 A2		模型 A3	
	明显减少	明显增加	明显减少	明显增加	明显减少	明显增加
Cox and Snell R^2	0.021		0.019		0.282	
Nagelkerke R^2	0.025		0.023		0.343	
-2LL	16.259**		13.889*		109.590***	
N	781		721		331	

注：+ $p<0.1$，* $p<0.05$，** $p<0.01$，*** $p<0.001$，无标注表示不显著。

表7-4列出了生计策略对不同类别农户生产废物处理方式影响的回归结果。

模型B1中，与选择纯农型生计策略的农户相比，选择非农型生计策略的农户焚烧、丢弃和卖掉秸秆的概率会更低，这可能与非农型生计活动一般不产生秸秆废物有关。当在模型B2中加入贫困类别后，选择非农型生计策略的农户对生产废物处理方式影响的方向与显著性均无明显变化。但脱贫农户更可能焚烧秸秆，可能与其脱贫之前参与有偿的秸秆禁烧有关。当模型B3中加入生计资本后，回归结果发生了变化。首先，与选择纯农型生计的农户相比，选择非农型生计策略的农户焚烧秸秆的概率仍然更低，但影响的显著性降低；而脱贫农户焚烧秸秆的概率不再与贫困农户有显著差异；同时在生计资本中，社会网络规模增加了农户焚烧秸秆的概率，可能是由于随着农户社交面的拓展，接触并效仿焚烧处理秸秆方式的可能性会增加。而社会组织的参与则降低了农户焚烧秸秆的概率，说明加入社会组织后，农户经过引导环保意识增强，从而减少破坏环境的行为。其次，生计策略的选择不会对农户丢弃秸秆的概率产生显著影响；但与贫困农户相比，脱贫农户丢弃秸秆的概率更低，可能比起丢弃，脱贫农户更愿意利用秸秆获取经济收益；生产工具和耐用品的数量、耕地面积会使农户丢弃秸秆的概率升高。可能是由于生产工具和耐用品的数量充足以及耕地面积的增加，产生了更多的秸秆，因而将其作为废物丢弃的可能性越大。而有手艺或技能的农户丢弃秸秆的概率会降低，有可能是这些农户能够使用手艺实现秸秆再利用。最后，与选择纯农型生计的农户相比，选择非农型生计的农户卖掉秸秆的概率仍然更低，但影响的显著性降低；脱贫农户卖掉秸秆的概率与贫困农户没有显著差异；受教育程度、社会支持会提高农户卖掉秸秆的概率，可能是更高的学历与更多的社会支持会使用户获得更多出售秸秆的方式和渠道，更容易将秸秆卖掉。好的住房结构却会降低农户卖掉秸秆的概率，说明经济条件好的农户不太看重卖掉秸秆获得的收益。模型的改变说明生计资本在生计策略对农户生产废物处理方式的影响关系中起调节作用，改变了农户多样化生计策略对生产废物处理方式的影响。

表7-4 生计策略对农户生产废物处理方式的影响

	生产废物处理方式								
	模型 B1			模型 B2			模型 B3		
	焚烧	丢弃	卖掉	焚烧	丢弃	卖掉	焚烧	丢弃	卖掉
生计策略（基准：纯农型生计策略）									
非农型生计策略	0.310***	0.420**	0.323**	0.536***	0.496*	0.356**	0.352*	0.670	0.241*
多样化生计策略	0.776	0.779	1.143	0.761	0.820	1.163	0.732	0.815	0.807
贫困类别（基准：贫困农户）									
脱贫农户				1.424+	0.848	0.873	0.610	0.393*	0.994
生计资本									
人力资本									
家庭规模							1.195	1.097	1.167
健康状况							0.998	0.903	0.790
受教育程度							0.966	1.092	1.596+
工作能力（基准：无手艺技能）									
有手艺或技能							0.700	0.295**	1.080
工作能力（基准：无技能培训）									
有技能培训							0.670	1.928	0.482
物质资本									
住房面积							0.996	0.996	1.007

续表

| | 生产废物处理方式 ||||||||
| | 模型 B1 ||| 模型 B2 ||| 模型 B3 |||
	焚烧	丢弃	卖掉	焚烧	丢弃	卖掉	焚烧	丢弃	卖掉
住房结构							0.590	0.577	0.434+
生产工具耐用品数量							1.022	1.192*	0.937
自然资本									
耕地面积							1.023	1.070*	1.051
林地面积							0.989	0.984	0.994
社会资本									
获得的社会支持							0.973	1.048	1.471***
社会网络规模							1.084**	1.045	1.022
社会组织参与							0.419**	0.791	1.310
金融资本									
家庭储蓄							1.282	1.026	1.169
金融可及性							1.114	1.319	0.953
Cox and Snell R^2	0.047			0.044			0.354		
Nagelkerke R^2	0.050			0.047			0.384		
-2LL	32.125***			28.302**			132.410***		
N	674			632			303		

注：+ $p<0.1$，* $p<0.05$，** $p<0.01$，*** $p<0.001$，无标注表示不显著。

7.2.3 生计策略对农户食物安全、幸福感、肥料和能源使用的影响

表7-5列出了生计策略对不同类别农户食物安全影响的回归结果。

模型C1至模型C3给出了以农户食物安全为因变量的回归结果。模型C1中，与选择纯农型生计策略的农户相比，选择多样化生计策略的农户日常食物安全程度最高，其次是选择非农型生计策略的农户。一般而言这两类农户收入相对较高，因此能够购买更多品种和数量的食物。当在模型C2中加入贫困类别后，选择多样化生计策略和选择非农型生计策略对食物安全影响的方向与显著性均无明显变化。同时，与脱贫农户相比，贫困农户的日常食物安全程度更低。当模型C3中加入生计资本后，选择多样化生

计策略和选择非农型生计策略对食物安全的显著影响消失，但贫困类别所产生的影响无明显变化。生计资本中，健康状况、手艺和技能、获得的社会支持和家庭储蓄都可以提高农户的食物安全性。通常情况下，健康状况、手艺和技能、获得的社会支持和家庭储蓄是农户可以获得更多收入的保障，而在收入增加的情况下，食物的数量和品质也会提升。生计资本中金融可及性会降低食物安全性，说明在借贷压力下，农户可能会缩减对食物的投入。同时，模型的变化表明生计资本又一次削弱了生计策略对农户食物安全的影响，生计资本在生计策略对农户食物安全的影响关系中起着调节作用，农户食物安全性的高低更多地取决于其经济水平的高低以及拥有资源的多少。

表 7-5　生计策略对农户食物安全的影响

	食物安全		
	模型 C1	模型 C2	模型 C3
生计策略（基准：纯农型生计策略）			
非农型生计策略	0.071[+]	0.033	−0.083
多样化生计策略	0.169[***]	0.159[***]	0.076
贫困类别（基准：贫困农户）			
脱贫农户		0.220[***]	0.123[*]
生计资本			
人力资本			
家庭规模			−0.065
健康状况			0.186[**]
受教育程度			−0.068
工作能力（基准：无手艺技能）			
有手艺或技能			0.095[+]
工作能力（基准：无技能培训）			
有技能培训			0.004
物质资本			
住房面积			0.064

续表

	食物安全		
	模型 C1	模型 C2	模型 C3
住房结构			0.073
工具耐用品数量			0.034
自然资本			
耕地面积			−0.007
林地面积			−0.039
社会资本			
获得的社会支持			0.152**
社会网络规模			0.007
社会组织参与			0.070
金融资本			
家庭储蓄			0.147**
金融可及性			−0.134*
F	10.003***	21.025***	5.327***
R^2	0.025	0.081	0.236
调整后 R^2	0.023	0.077	0.191
N	779	719	330

注：+ $p<0.1$，* $p<0.05$，** $p<0.01$，*** $p<0.001$，无标注表示不显著。

表7-6列出了生计策略对不同类别农户幸福感影响的回归结果。

模型D1至模型D3给出了以农户幸福感为因变量的回归结果。模型D1显著性并未通过。当在模型D2中加入贫困类别后模型显著，选择多样化生计策略的农户幸福感要低于选择纯农型生计策略的农户。同时，与脱贫农户相比，贫困农户的幸福感更高。脱贫农户往往会选择多样化生计策略，在增加收入的同时也意味着更多的操劳、分离和抉择，因此，幸福感未必很高。当模型D3中加入生计资本后，农户选择多样化生计策略和对幸福感的显著影响消失，贫困类别所产生影响的方向虽无明显变化，但显著性降低。生计资本的各变量中，家庭规模、受教育程度会增加农户的幸福感，说明家人的陪伴和知识的获取能够使农户的精神世界更加充实；而健康状况、住房结构、获得的社会支持、家庭储蓄会降低农户的幸福感，可能是随着家庭经济和健康状况的改善,农户要考虑和抉择的事情也会增多,可能会带来更多烦恼,从而降低幸福感。特别的是,社会支持的增加反而会降低农户幸福感,说明在某些情况下,亲友的帮助可能不会产生效果,反而会加重农户的心理负担。整体模型的变化表明生计资本削弱了生计策略与农户类型对农户幸福感的影响,具有调节作用。农户幸福感的高低并不取决于单一因素(如经济条件、生计策略),它会受到多种因素的影响,如健康状况、获得的社会支持以及家庭储蓄三个变量均对农户的幸福感有负向影响。

表 7-6 生计策略对农户幸福感的影响

	幸福感		
	模型 D1	模型 D2	模型 D3
生计策略(基准:纯农型生计策略)			
非农型生计策略	-0.042	-0.027	0.061
多样化生计策略	-0.082*	-0.072+	-0.030
贫困类别(基准:贫困农户)			
脱贫农户		-0.169***	-0.079
生计资本			
人力资本			
家庭规模			0.147*
健康状况			-0.197***
受教育程度			0.142**
工作能力(基准:无手艺技能)			
有手艺或技能			0.039
工作能力(基准:无技能培训)			
有技能培训			-0.069
物质资本			
住房面积			0.024
住房结构			-0.202***
生产工具耐用品数量			-0.125*
自然资本			

续表

	幸福感		
	模型 D1	模型 D2	模型 D3
耕地面积			-0.022
林地面积			-0.010
社会资本			
获得的社会支持			-0.242***
社会网络规模			-0.044
社会组织参与			-0.088
金融资本			
家庭储蓄			-0.127*
金融可及性			-0.030
F	2.246	8.668***	6.909**
R^2	0.006	0.037	0.297
调整后 R^2	0.003	0.033	0.254
N	738	682	314

注：+ $p<0.1$，* $p<0.05$，** $p<0.01$，*** $p<0.001$，无标注表示不显著。

表7-7列出了生计策略对不同类别农户自然资源利用的可持续性影响的回归结果。

模型E1至模型E3给出了以使用环保型物品（农家肥）为因变量的回归结果。模型E1中，与选择纯农型生计策略的农户相比，选择非农型生计策略的农户使用农家肥的概率会更低，可能是因为非农生计活动不会用到农家肥。当在模型E2中加入贫困类别后，选择非农型生计策略对农家肥使用影响的方向与显著性均无明显变化。但贫困类别对农家肥使用没有产生显著影响。可能的原因同样是选择非农型生计策略的农户不再直接参与农业生产，因而使用农家肥的概率会降低。同样的，当模型E3中加入生计资本后，农户生计策略对农家肥使用的显著影响消失。生计资本中，技能培训、生产工具耐用品数量会促使农户使用农家肥，可能是因为技能培训和生产工具能够帮助农户获得并使用农家肥。而家庭储蓄会降低农户使用农家肥的概率，说明在经济条件允许的情况下，农户更愿意选择便捷高效的方式来代替农家肥。同时，比起耕地，农户更愿意在林地使用农家肥,可能与当地农户的种植习惯有关,也可能是林地面积相对较小,农家肥就可以满足使用。模型的变化表明生计资本又一次削弱了生计策略对农家肥使用的影响,具有调节作用。

模型 F1 至模型 F3 给出了以使用污染型物品(柴火)为因变量的回归结果。模型 F1 中,与选择纯农型生计策略的农户相比,选择非农型生计策略和选择多样化生计策略的农户使用柴火的概率会更低,可能是因为选择非农型生计策略和选择多样化生计策略的农户日常生活中接触柴火的机会变少,加之目前农村用热和取暖方式的改变,他们不会刻意使用柴火。当在模型 F2 中加入贫困类别后,选择非农型生计策略和选择多样化生计策略对柴火使用影响的方向与显著性均无明显变化。但贫困类别对柴火的使用没有产生显著影响,可能与目前农村用热和取暖方式有关。同样的,当模型 F3 中加入生计资本后,农户选择非农型生计策略对柴火使用的显著影响消失,但选择多样化生计策略对柴火使用影响显著性提升。在生计资本中,家庭规模增加农户使用柴火的概率,可能是因为随着家庭人口数量的增加,日常的用热和取暖不能满足需求,可能会使用柴火作为补充。而健康状况会降低农户使用柴火的概率,可能是为了保证健康,农户会拒绝使用具有污染性质的柴火。同时,住房面积、生产工具耐用品数量和获得的社会支持也会降低农户使用柴火的概率,说明农户经济状况良好,拥有更多生产工具时,会倾向于使用更有效的方式来取代柴火。而与亲友时常的沟通交流也会帮助农户更容易获得代替柴火的途径。

表 7-7 生计策略对农户自然资源利用的可持续性的影响

	肥料和能源使用					
	农家肥(环保型)			柴火(污染型)		
	模型 E1	模型 E2	模型 E3	模型 F1	模型 F2	模型 F3
生计策略 (基准:纯农型生计策略)						
非农型生计策略	-0.118*	-0.106*	-0.070	-0.127**	-0.126*	-0.081
多样化生计策略	-0.002	0.031	0.002	-0.078+	-0.083+	-0.175**
贫困类别 (基准:贫困农户)						

续表

	肥料和能源使用					
	农家肥（环保型）			柴火（污染型）		
	模型 E1	模型 E2	模型 E3	模型 F1	模型 F2	模型 F3
脱贫农户		-0.018	-0.096		0.049	-0.035
生计资本						
人力资本						
家庭规模			0.080			0.424***
健康状况			0.059			-0.124*
受教育程度			0.055			0.031
工作能力（基准：无手艺技能）						
有手艺或技能			-0.036			-0.073
（基准：无技能培训）						
有技能培训			0.149*			-0.100
物质资本						
住房面积			-0.055			-0.140**
住房结构			0.005			-0.034
生产工具耐用品数量			0.255**			-0.145*
自然资本						
耕地面积			-0.107+			-0.040
林地面积			0.208**			0.072
社会资本						
获得的社会支持			-0.001			-0.218***
社会网络规模			0.005			-0.025
社会组织参与			0.037			-0.098
金融资本						
家庭储蓄			-0.140*			0.059
金融可及性			0.010			-0.056

续表

	肥料和能源使用					
	农家肥（环保型）			柴火（污染型）		
	模型 E1	模型 E2	模型 E3	模型 F1	模型 F2	模型 F3
F	3.756*	2.527+	2.960***	4.061*	2.061+	8.043***
R^2	0.014	0.015	0.178	0.015	0.016	0.382
调整后 R^2	0.01	0.009	0.118	0.012	0.01	0.325
N	540	500	265	522	482	253

注：+ $p<0.1$，* $p<0.05$，** $p<0.01$，*** $p<0.001$，无标注表示不显著。

7.3 小结

本章就生计策略对农户生计结果的影响进行了深入分析。首先，通过对农村贫困农户与脱贫农户的生计结果的比较分析，得出以下结论。

两类农户的生计结果中，除食物安全与幸福感方面存在显著差异外，农户收入、生产废物处理方式与肥料和能源使用方面均不存在显著差异。具体的，与贫困农户相比，脱贫农户的食物安全程度虽然更高，但脱贫农户的幸福感程度却更低。

在此基础上，本章分别就生计策略对不同生计结果的影响进行了深入分析，并得出以下主要结论。

（1）在生计策略、贫困类别和生计资本对农户收入的影响方面，与选择纯农型生计策略的农户相比，选择多样化生计策略的农户收入明显增加的可能性更高；贫困类别对农户收入不存在显著影响；生计资本中的健康状况、工作能力、获得的社会支持、社会组织参与都显著促进了农户收入增加，是因为健康状况、手艺和技能、社会支持强度以及社会组织的参与使农户具备了选择多样化生计的禀赋、技能、人脉等方面的基础，农户选择多样化生计策略从而使收入增加。生计资本中的生产工具耐用品数量显著增加了收入基本不变的可能性，说明农业生产工具耐用品数量对收入增加的作用有限。模型的变化表明农户收入对生计资本的依赖程度较大，生计资本在生计策略对农户收入的影响关系中起着调节作用。

(2) 在生计策略、贫困类别和生计资本对农户生产废物处理方式的影响方面，与选择纯农型生计策略的农户相比，选择非农型生计策略的农户焚烧、丢弃和卖掉秸秆的概率会更低，这可能与非农型生计活动一般不产生秸秆废物有关。贫困类别对农户生产废物处理方式不存在显著影响。生计资本中，社会网络规模增加了农户焚烧秸秆的概率，可能是由于随着农户社交面的拓展，接触并效仿焚烧处理秸秆方式的可能性会增加；生产工具耐用品数量、耕地面积会使农户丢弃秸秆的概率升高，可能是由于生产工具耐用品数量充足以及耕地面积的增加，产生了更多的秸秆，因而将其作为废物丢弃的可能性越大；受教育程度、获得的社会支持会提高农户卖掉秸秆的概率，可能是更高的学历与更多的社会支持，会使用户获得更多出售秸秆的方式和渠道，更容易将秸秆卖掉。而社会组织参与则降低了农户焚烧秸秆的概率，说明加入社会组织后，经过引导，农户环保意识增强，从而减少破坏环境的行为；有手艺或技能的农户丢弃秸秆的概率会降低，有可能是这些农户能够使用手艺实现秸秆再利用；好的住房结构却会降低农户卖掉秸秆的概率，说明经济条件好的农户不太看重卖掉秸秆获得的经济收益。模型的改变说明生计资本在生计策略对农户生产废物处理方式的影响关系中起着调节作用，改变了农户多样化生计策略对生产废物处理方式的影响。

(3) 在生计策略、贫困类别和生计资本对农户食物安全的影响方面，与选择纯农型生计策略的农户相比，选择多样化生计策略的农户日常食物安全程度最高，其次是选择非农型生计策略的农户。一般而言这两类农户收入相对较高，因此能够购买更多品种和数量的食物。与贫困农户相比，脱贫农户的日常食物安全性更高，进一步说明经济状况更好的农户食物安全性更高。生计资本中，健康状况、有手艺和技能、获得的社会支持和家庭储蓄都可以提高农户的食物安全性。通常情况下，健康状况、有手艺和技能、获得的社会支持和家庭储蓄是农户可以获得更多收入的保障，而在收入增加的情况下，食物的数量和品质也会提升；生计资本中金融可及性会降低食物安全性，说明在借贷压力下，农户可能会缩减对食物的投入。模型的变化表明生计资本又一次削弱了生计策略对农户食物安全的影响，生计资本在生计策略对农户食物安全的影响关系中起着调节作用，农户食物安全性的高低更多地取决于其经济水平的高低以及拥有资源的多少。

（4）在生计策略、贫困类别和生计资本对农户幸福感的影响方面，农户幸福感的高低并不取决于单一因素（如经济条件、生计策略），它会受到多种因素的影响，且经济水平越高，农户幸福感的程度越低，亲友的支持反而会降低农户幸福感。与选择纯农型生计策略的农户相比，选择多样化生计策略的农户幸福感程度更低，与贫困农户相比，脱贫农户的幸福感程度更低。可能是农户在增加收入的同时也意味着更多的操劳、分离和抉择，因此，幸福感未必很高。生计资本中，家庭规模、受教育程度会增加农户的幸福感，说明家人的陪伴和知识的获取能够使农户的精神世界更加充实；而健康状况、住房结构、获得的社会支持、家庭储蓄会降低农户的幸福感，可能是随着家庭经济和健康状况的改善，农户要考虑和抉择的事情也会增多，可能会带来更多烦恼，从而降低幸福感。特别要注意的是，社会支持的增加反而会降低农户幸福感，说明在某些情况下，亲友的帮助可能不会产生效果，反而会加重农户的心理负担。整体模型的变化表明生计资本削弱了生计策略与贫困类别对农户幸福感的影响，具有调节作用。

（5）在生计策略、贫困类别和生计资本对农户肥料和能源使用的影响方面，对于环保型物品（农家肥）来说，与选择纯农型生计策略的农户相比，选择非农型生计策略的农户使用农家肥的概率会更低，可能是因为非农生计活动不会用到农家肥。贫困类别对农户农家肥的使用不存在显著影响。农户是否选择使用农家肥，更多依赖于农户本身拥有的生计资源水平。其中，技能培训、生产工具耐用品数量会促使农户使用农家肥，可能是因为技能培训和生产工具能够帮助农户获得并使用农家肥。而家庭储蓄会降低农户使用农家肥的概率，说明在经济条件允许的情况下，农户更愿意选择便捷高效的方式来代替农家肥。同时，比起耕地，农户更愿意在林地使用农家肥，可能与当地农户的种植习惯有关，也可能是林地面积相对较小，农家肥就可以满足使用。模型的变化表明生计资本又一次削弱了生计策略对农家肥使用的影响，具有调节作用。

对于污染型物品（柴火）来说，与选择纯农型生计策略的农户相比，选择非农型生计策略和选择多样化生计策略的农户使用柴火的概率会更低。可能是因为选择非农型生计策略和选择多样化生计策略的农户日常生活中接触柴火的机会变少,加之目前农村用热和取暖方式的改变,他们不会刻意使用柴火。贫困类别对农户柴火的使用不存在显著影响。生计资本的加入,放大了选择多样化生计的农户不使用柴火的概率。其中,家庭规模增加农户使用柴火的概率,可能是因为随着家庭人口数量的增加,日常的用热和取暖不能满足需求,因而会使用柴火作为补充。而健康状况会降低农户使用柴火的概率,可能是为了保证健康,农户会拒绝使用具有污染性质的柴火。同时,住房面积、生产工具耐用品数量和获得的社会支持也会降低农户使用柴火的概率,说明农户经济状况良好,拥有更多生产工具时,会倾向于使用更有效的方式来取代柴火。而与亲友时常的沟通交流也会帮助农户更容易获得代替柴火的途径。

第 8 章　结论与展望

本章是全书的最后一章，主要包括三部分内容：首先，根据研究发现提出一些旨在降低农村脱贫人口脆弱性、改善其生计策略和提高其可持续生计能力的政策建议；其次，对研究的主要工作和结论进行简要总结；最后，基于整个研究过程，对下一步的研究进行展望。

8.1　政策建议

通过全面分析农村脱贫人口的脆弱性、生计资本、政策认知、生计策略和生计结果现状，深入探究不同生计策略与生计结果的影响因素，并参考调查时获得的一些认识和发现，本书对改善农村脱贫人口的生计策略及生计结果、提高其可持续生计水平提出如下政策建议。

8.1.1　降低农村脱贫人口生计发展外部环境脆弱性

首先，针对临时性大额支出冲击，继续实施农村危房改造补贴政策，加大农房改造补贴力度，改善农村居住环境，提升农户幸福感。适当放宽贷款政策，降低农户建房买房压力。针对子女教育学费冲击，通过学费减免、助学贷款等方式减轻农户负担，使每一个适龄儿童能够上得起学，接受义务教育和高等教育，防止教育致贫返贫。其次，针对政策性失地，要发挥政府主导作用，实施多元化征地政策和就业扶持政策，就近就地提供更多就业机会，促进失地农民收入结构多样化。实行差异化安置政策，确保农户能够尽快适应新环境。面对周期性的农作物减产，要加强农情监测数据收集，加强自然灾害检测和农作物生长动态监测，收集分析气象数据，提高自然灾害预测预报准确率。创新农业保险，完善财政补贴制度，加大对农业保险的支持力度，提升农民对农业保险购买的积极性，防范自然灾害带来的收入降低。

8.1.2 增强和提高农村脱贫人口生计能力

（1）进一步提升农村脱贫人口人力资本

高度重视脱贫人口人力资本的强化和提升，积极为其创造教育和培训机会。通过辨识脱贫人口的现实需求，结合当地社会和经济发展环境，逐步构建以乡镇成人学校、就业培训中心和各类职业技术学校为主体的梯次网络培训体系，建立与学校联动的技能型、与企业联动的订单型、与有关部门联动的综合型、与服务实体联动的实用型和与基地联动的实地型等多种培训模式。在课程设置上，要注意根据脱贫人口的年龄和受教育程度等实际情况，有针对性地开办系列技能培训课程。在提供教育和培训的方式上，要采取送教上门、定向培训等。要注意采取适当措施，鼓励脱贫人口积极主动参与教育和培训活动。通过举办就业洽谈会、创办经济实体、组织劳务输出等方式为参加教育和培训的脱贫人口搭建就业平台。

（2）持续扩大农村脱贫人口社会支持网络

应帮助农村脱贫人口扩大和加强其社会支持网络，鼓励其积极参加各类社会组织。在网络平台建设上，可以按照"政府支持引导、组织参与、镇村联动"的方式，以村民小组为单位，引导其建立脱贫人口互助组织。有针对性地开展劳务、生产、技术等多种互助。加大对当地专业合作组织、生产服务组织以及龙头企业的宣传与支持力度，引导脱贫人口积极加入，进一步提升其组织参与度。

（3）加强对农村脱贫人口的金融支持

一是积极鼓励当地金融组织通过市场调查等形式，设计开发专门针对脱贫人口的贷款新产品。二是根据不同的对象设立不同的贷款方式，对有创业意愿的脱贫人口实行一对一的贷款产品服务。三是采用利率优惠措施，根据脱贫人口的信用程度，在后期贷款支持方面给予其不同程度的优惠扶持。

8.1.3 丰富农村脱贫人口生计发展选择

（1）积极发展社会化服务组织，支持农村脱贫人口发展农业生产

始终坚持在农业产前、产中和产后环节大力发展农业产业化龙头企业、农民专业合作社等社会化服务组织。通过"龙头企业+合作社+基地+农户""合作社+基地+农户"等模式，大力发展智慧农业，带动包括脱贫农户在内的农村家庭发展现代农业和特色农业，提高其生产组织化程度，扩大其经营规模。

（2）鼓励和扶持农村脱贫人口参与非农经营活动

一是积极帮助脱贫人口从事工资性工作，因地制宜地结合本地经济发展、自然气候等特点，大力扶植并发展有市场、有效益的特色项目，如直播带货、生态旅游等，从而解决脱贫人口的就业问题。二是扶植或引进一批劳动密集型产业，尤其是食品加工、饲料加工及传统手工艺品生产等产业，充分利用脱贫人口的人力资源优势，鼓励以家庭创业为载体，发展农产品加工业、农产品流通业等家庭经营活动。

8.1.4 改善农村脱贫人口生计结果

（1）提高农村脱贫地区公共服务供给质量

进一步加强脱贫地区公路、环卫、文化、体育、信息等基础设施建设，推动实现城乡交通、供水、电网、通信、燃气等基础设施同规同网，促进基础设施和公共服务提档升级；加快布局5G、人工智能、物联网等新型基础设施，积极引入信息化主流技术，推进服务农业农村的信息融合和创新基础设施建设，筑牢数字乡村的发展基础。

（2）提升农村脱贫人口消费水平

全面改善农村人居环境，采取有效措施扩大和刺激消费，消除抑制消费的各种障碍，优化消费环境，不断提高脱贫地区农民消费水平，使农村脱贫人口同样能够享受高品质的生活，提升其生活幸福感。

（3）推动脱贫地区自然资源可持续利用

把生态文明建设放在突出位置，坚持生态恢复与环境治理双管齐下，提升生态保护治理水平，在乡镇开展系列环境保护宣传与教育活动，提升

脱贫农户的环保意识。建立废物集中处理区域与设施，对生产废物进行统一处理，实现自然资源的可持续利用。

8.1.5 增强相关政策制度实施的有效性

（1）完善社会保障与保险制度，加强补偿性政策兜底保障作用

一是继续加强农村社会保障制度建设，实现最低生活保障制度和扶贫开发政策制度的有效衔接，完善五保户供养、特困户生活救助、灾民补助等社会救助体系，完善农村社会养老保险制度、农村最低生活保障制度，为脱贫农户基本生活提供保障。二是加大医疗救助，加大对农村医疗卫生保健的投入，完善新型农村合作医疗制度，不断提高保障水平，使农村居民有病可治、有药可医，减缓疾病冲击给贫困农户带来的负面影响，减少因病致贫、返贫情况的发生。三是进一步扩大农业保险覆盖范围，加快建立农业保险和巨灾风险分散机制，加强农业保险保费补贴政策宣传，使贫困农户与脱贫农户更多地参与到农业保险保费补贴政策中来，强化其风险分担功能，增强农户抵抗自然灾害风险的能力。

（2）加强发展性政策指导，帮助脱贫农户提升自我发展能力

加强对发展性政策的宣传力度，鼓励农户了解并参与发展性政策，帮助脱贫农户转变生计观念。一方面，改变帮扶方式，构建参与式帮扶机制，完善生产奖补、以工代赈、劳务补贴等政策实施方式，激发脱贫人口的积极性，引导其积极参与到发展性政策中来，在政策参与的过程中提高脱贫人口对于政策的知晓度和满意度。另一方面，根据脱贫农户的生计资本情况，针对农户的生计策略，帮助农户整合资源，确定可行的生计策略方向。对于适合从事纯农型生计的农户，可帮助其借助政府的社会化服务体系，在传统农业生产活动中发挥潜力。让脱贫人口在立足自身农业生计的基础上，促进农业适度规模经营。对于人力资本匮乏、劳动力欠缺无力进行农业自主经营的家庭，应帮助其通过土地流转政策，利用集体经济力量获取土地承包经营股权等收入。对于有潜力从事多样化生计的农户，可以帮助其优化自身非农生计活动，为其从事非农生计提供支持，也可以帮助其从农业生产中寻求增收渠道。应利用当地社会资本，如龙头企业的带动作用，联合政府、涉农企业、农村合作社等多方力量，打造农村特色产

业品牌，调动农户自身生产积极性，让脱贫农户在充分发挥自身农业生计策略优势的同时，开展多样化的生计活动。对于适合从事非农型生计的农户，要帮助其巩固非农生计成果，增强非农就业竞争力。应加强与企业的合作，为脱贫农户多渠道就业提供机会，通过政府力量在贫困地区引入企业、农业生产经营主体等，为贫困劳动力就近就地务工提供机会。可通过就业培训、就业宣传等方式引导劳动力丰富的脱贫家庭劳动力主动充分就业，为脱贫农户外出务工提供政策支持。

8.2　主要结论

历经 8 年精准扶贫和 5 年全面脱贫攻坚，我国农村区域性整体贫困已得到彻底解决，完成了消除绝对贫困的艰巨任务。然而，农村贫困人口在脱贫后并不具备较强的维持非贫困状态的能力，脱贫人口的后续生计成为日益引起关注的问题。本书在归纳已有关于农村脱贫人口生计策略及生计结果相关研究的基础上，构建了农村脱贫人口可持续生计分析框架。同时利用 2018 年在陕西全省进行的农村脱贫人口可持续生计调查数据，对西部地区农村脱贫人口的生计策略和生计结果现状进行了全面分析，深入研究了脆弱性环境、生计资本和政策认知对农村脱贫人口生计策略的影响以及生计策略对农村脱贫人口生计结果的影响等问题。

本书的研究基础是对农村脱贫人口生计策略及生计结果研究进展的细致回顾，主要从两个方面展开：首先，对可持续生计分析框架进行简要的解释和说明，在此基础上探讨其与农村脱贫人口研究结合的可行性，并说明重点研究生计策略及生计结果的原因；其次，对可持续生计分析框架中各核心概念及其相关研究中有关农户生计的研究进行归纳，梳理已有脆弱性环境、生计资本和政策认知对生计策略以及生计策略对生计结果的影响研究。

基于上述文献回顾以及以脆弱性和政策认知为代表的外部环境分析，本书构建了农村脱贫人口可持续生计分析框架，并依此对研究中涉及的变量进行了设计。同时利用 2018 年在陕西全省进行的农村脱贫人口可持续生计调查对变量的测量项目进行了全面调查。

依据农村脱贫人口可持续生计分析框架，本书首先对农村脱贫人口的生计资本、生计策略、生计结果、脆弱性和政策认知等变量进行了描述性分析。在此基础上，本书先以生计策略（纯农型生计策略、非农型生计策略和多样化生计策略）为因变量，以生计资本（人力资本、社会资本、自然资本、物质资本和金融资本）、脆弱性为自变量，后以政策认知（补偿性政策认知、发展性政策认知）为自变量，以生计资本（人力资本、社会资本、自然资本、物质资本和金融资本）为控制变量，分别构建回归模型进行影响因素分析。接着，分别以农村脱贫人口的家庭收入、食物安全、幸福感、生产废物处理方式以及肥料和能源使用为因变量，以不同生计策略为自变量，以生计资本为控制变量，构建回归模型进行影响因素分析。最后，本书将前述研究发现落实到具体的政策建议上。根据农村脱贫人口的生计策略及生计结果的现状与显著影响因素，同时参考在调查中获得的认识和发现，提出了五个方面的政策建议。

在对主要研究工作进行简单回顾后，本书得出如下重要研究结论。

一是不同脆弱性对脱贫农户的影响程度不同，近三年家庭是否发生了建房或买房、婚丧嫁娶、子女上大学（大中专）等事件对脱贫农户的影响最大，近三年家庭是否因拆迁、退耕还林等政策而丧失土地对脱贫农户的影响程度次之，近三年家庭生产的农（林、畜、水）产品的产量是否减少对脱贫农户的影响最小。

二是脱贫农户与贫困农户的生计资本存在差异，脱贫农户生计资本水平显著高于贫困农户。在人力资本方面，尽管贫困农户与脱贫农户均家庭规模较小、劳动力不足、户主受教育程度较低、身体健康条件较差、大多缺乏手艺和技能、较少接受技能培训，但贫困农户在家庭规模、受教育程度、健康状况以及工作能力等方面的人力资本水平显著低于脱贫农户。在物质资本方面，脱贫农户在家庭住房面积、住房结构与生产工具耐用品数量方面的条件显著优于贫困农户。在自然资本方面，贫困农户和脱贫农户在耕地面积和林地面积方面不存在显著差异，脱贫农户耕地面积大于贫困农户，脱贫农户林地面积小于贫困农户。在社会资本方面，脱贫农户家庭社会资本优于贫困农户。脱贫农户所获得的社会支持显著多于贫困农户；虽然脱贫农户与贫困农户社会网络规模均较小，但脱贫农户社会关系网规模显著大于贫困农户；脱贫农户社会组织参与数量多于贫困农户，但不存在显著差异。在金融资本方面，脱贫农户与贫困农户家庭储蓄金额均较小，脱贫农户家庭储蓄金额显著大于贫困农户；贫困农户与脱贫农户的金融可及性水平整体较低。

三是贫困农户与脱贫农户在政策认知上存在差异。在补偿性政策认知方面，贫困农户与脱贫农户之间存在显著差异，贫困农户对于补偿性政策的认知水平显著高于脱贫农户。在知晓度层面，农户对于新型农村合作医疗政策、新型农村社会养老保险政策、农村居民最低生活保障政策的知晓度最高，对于农业保险保费补贴政策的知晓度最低。在满意度层面，脱贫农户和贫困农户均对于新型农村合作医疗政策、新型农村社会养老保险政策、农村居民最低生活保障政策的满意度最高，贫困农户对于退耕还林还草补贴政策的满意度最低，脱贫农户对于农村危房改造补贴政策的满意度最低。在发展性政策认知方面，贫困农户与脱贫农户对于发展性政策的认知水平相对较低。在知晓度层面，贫困农户与脱贫农户对子女义务教育补贴政策的知晓度最高，对于农业生产或外出打工技能培训政策的知晓度最低；贫困农户与脱贫农户在土地流转政策知晓度上有显著差异，脱贫农户对于土地流转政策的知晓度显著高于贫困农户。在满意度层面，贫困农户与脱贫农户对于子女义务教育补贴政策的满意度最高，对于农业生产或外出打工技能培训政策的满意度最低；贫困农户与脱贫农户在扶贫技术指导或农副业生产帮扶政策满意度上有显著差异，贫困农户对于扶贫技术指导或农副业生产帮扶政策满意度显著高于脱贫农户。

四是从生计策略选择及生计活动参与状况来看，多数贫困农户与脱贫农户以农业为基础，从事农作物种植、家畜养殖等生计活动。从贫困农户与脱贫农户生计活动的参与状况差异来看，贫困农户更倾向于从事农林种植、水产养殖等农业生产经营活动，而脱贫农户从事非农打工与家庭经营活动的比例要显著高于贫困农户，但比例仍然较低。在生计策略选择方面，目前贫困农户和脱贫农户采取纯农型生计策略的比例均较高，采取多样化生计策略与非农型生计策略的比例相对较低，生计策略多样化水平较低。

五是脱贫农户与贫困农户相比，虽然经济条件有所改善，食物安全性有显著提高，但多数脱贫农户收入与上年相比基本不变甚至明显减少，收入明显增加的脱贫农户只占少数。脱贫农户与贫困农户均更倾向于选择以焚烧或丢弃的方式来处理生产废物，环保意识仍有待增强。

六是脱贫农户会依据自身生计资本选择相应生计策略。与贫困农户不同的是，随着劳动力数量的暂时性增加，脱贫农户会更多地投入农业生产，但是身体健康的农户可以灵活选择生计策略，以促进收入来源的多样化。耕地面积是脱贫农户选择纯农型生计策略的决定性因素。家庭存款总额和房屋资产则一直是生计策略选择的"压舱石"，它们对各种生计策略都有促进作用，并且随着数量的不断增加，会推动农户生计策略日益转向非农化或者兼业化。随着农户家庭拥有生产性工具的增多，加之专业合作组织为农户提供了更多学习农业生产和农产品销售的机会，农户选择纯农型生计策略的意愿愈发强烈。

与此同时，脆弱性会影响脱贫农户生计策略的选择，还会引起其生计资本存量的变化。首先，与贫困农户不同的是，临时性的大额支出会促进脱贫农户生计策略的非农化。其次，不论是对贫困农户还是对脱贫农户来说，只要选择纯农型生计策略，周期性和季节性的农作物减产就会对他们造成最大的冲击。然而，即便遭受减产，许多贫困农户和脱贫农户仍会继续选择保守的纯农型生计策略。最后，政策性的丧失土地对贫困农户生计策略多样化起着促进转化作用。除此之外，生计资本存量也会发生变化。耕地面积、生产工具耐用品数量和加入专业合作组织机会的增加会使脱贫农户继续从事纯农型生计，银行或信用社贷款机会的增加则有利于脱贫农户生计策略的兼业化，而家庭存款总额和房间数量的增加会促使脱贫农户选择非农型生计策略。

七是政策认知会影响农村脱贫人口的生计策略选择。

脱贫农户生计策略的选择会受到补偿性政策认知的影响。新型农村合作医疗政策知晓度对农户选择非农生计策略有显著的促进作用，新型农村社会养老保险政策知晓度、新型农村合作医疗政策满意度对农户选择非农型生计策略有显著的负向影响。新型农村合作医疗政策知晓度对农户选择多样化生计策略有显著的促进作用，新型农村社会养老保险政策知晓度、农业保险保费补贴政策知晓度对农户选择多样化生计策略有显著的负向影响。

脱贫农户生计策略的选择也会受到发展性政策认知的影响。在对农户多样化生计策略选择的影响方面，发展性政策知晓度并不能促进农户生计策略的转型，而发展性政策满意度则对农户选择多样化生计策略有显著的促进作用。农业生产或外出打工技能培训政策知晓度和满意度对农户选择非农型生计策略有显著的正向影响，扶贫技术指导或农副业生产帮扶政策知晓度和满意度对农户选择非农型生计策略有显著的负向影响。子女义务教育补贴政策知晓度对农户选择非农型生计策略和多样化生计策略有显著的负向影响。土地流转政策知晓度对农户选择多样化生计策略有显著的负向影响，土地流转政策满意度却对农户选择多样化生计策略有显著的促进作用。

贫困类别对农户选择非农型生计策略有显著影响，相较于贫困农户，脱贫农户在非农型生计策略的选择上意愿更强。由于脱贫农户的生计资本相较于贫困农户更为丰富，因而脱贫农户选择非农型生计策略的概率也相对较高。生计资本对农户生计策略由纯农型向非农型转化有显著影响。

生计资本在脱贫农户政策认知对生计策略的影响中起着调节作用。人力资本中农户的健康状况以及金融资本中的家庭储蓄对农户选择非农型生计策略有显著的正向影响，自然资本中的耕地面积对农户选择非农型生计策略有显著的负向影响。在对农户多样化生计策略选择的影响方面，人力资本中的家庭规模、健康状况，社会资本中的农户社会组织参与状况，金融资本中的家庭储蓄都会对农户选择多样化生计策略产生显著的促进作用，而人力资本中农户的手艺或技能、社会资本中农户获得的社会支持会对多样化生计策略选择有显著的负向影响。物质资本对于农户选择非农型生计策略和多样化生计策略无显著影响。

八是生计策略会影响农村脱贫人口的生计结果。

脱贫农户收入受到生计策略的影响。与选择纯农型生计策略的农户相比，选择多样化生计策略的农户收入明显增加的可能性更高。脱贫农户与贫困农户在收入上不存在显著差异。同时，生计资本在生计策略对农户收入的影响中起着调节作用，削弱了农户选择多样化生计策略对收入的影响。生计资本中的健康状况、工作能力、获得的社会支持、社会组织参与都显著促进了农户收入的增加，生计资本中的生产工具耐用品数量显著增加了收入明显增加的可能性。

脱贫农户生产废物处理方式会受到生计策略的影响。与选择纯农型生计策略的农户相比，选择非农型生计策略的农户焚烧、丢弃和卖掉秸秆的概率会更低。与贫困农户相比，脱贫农户丢弃秸秆的概率更低，说明农户本身的生计资本和经济实力对农户生产废物处理方式的选择影响更大。生计资本在生计策略对农户生产废物处理方式的影响中起着调节作用，改变了农户多样化生计策略对生产废物处理方式的影响。其中，社会网络规模提高了农户焚烧秸秆的概率，生产工具耐用品的数量、耕地面积会使农户丢弃秸秆的概率升高，受教育程度、获得的社会支持会提高农户卖掉秸秆的概率，而社会组织参与则降低了农户焚烧秸秆的概率，有手艺或技能会使农户丢弃秸秆的概率降低，更坚固的住房结构会降低农户卖掉秸秆的概率。

生计策略会对脱贫农户的食物安全产生影响。与选择纯农型生计策略的农户相比，选择多样化生计策略的农户日常食物安全程度最高，其次是选择非农型生计策略的农户。与贫困农户相比，脱贫农户的日常食物安全程度更高。同时，生计资本会削弱生计策略对农户食物安全的影响，生计资本在生计策略对农户食物安全的影响中起着调节作用。其中，健康状况、有手艺和技能、获得的社会支持和家庭储蓄都可以提高农户的食物安全性，金融可及性会降低食物安全性。

生计策略会对脱贫农户幸福感产生影响。选择多样化生计策略的农户幸福感要低于选择纯农型生计策略的农户。同时，生计资本削弱了生计策略与贫困类别对农户幸福感的影响，具有调节作用。农户幸福感的高低并不取决于单一因素（如经济条件、生计策略），它会受到多种因素的影响，且经济水平越高，农户幸福感的程度越低，亲友的支持还可能会降低农户的幸福感。生计资本中的家庭规模、受教育程度会增加农户的幸福感，而健康状况、住房结构、获得的社会支持、家庭储蓄会降低农户的幸福感。特别需要关注的是，社会支持的增加反而会降低农户幸福感，说明在某些情况下，亲友的帮助可能未必会产生积极的效果，反而会加重农户的心理负担。

脱贫农户的肥料和能源使用同样会受到生计策略的影响。对于环保型物品（农家肥）来说，与选择纯农型生计策略的农户相比，选择非农型生计策略的农户使用农家肥的概率会更低。贫困类别对农户农家肥的使用不存在显著影响。生计资本削弱了生计策略对农家肥使用的影响，具有调节作用。其中，技能培训、生产工具耐用品数量会促使农户使用农家肥，而家庭储蓄会降低农户使用农家肥的概率。同时，比起耕地，农户更愿意在林地使用农家肥。对于污染型物品（柴火）来说，与选择纯农型生计策略的农户相比，选择非农型生计策略和选择多样化生计策略的农户使用柴火的概率会更低。脱贫农户与贫困农户在柴火使用上不存在显著差异。生计资本变量的加入，放大了选择多样化生计策略的农户不使用柴火的概率。其中，家庭规模增加了农户使用柴火的概率，而健康状况会降低农户使用柴火的概率。同时，住房面积、生产工具耐用品数量和获得的社会支持也会降低农户使用柴火的概率。

九是可以从五个方面来促进农村脱贫人口生计策略改善，提高其可持续生计水平：(1) 降低农村脱贫人口生计发展外部环境脆弱性；(2) 增强和提高农村脱贫人口生计能力；(3) 丰富农村脱贫人口生计发展选择；(4) 改善农村脱贫人口生计结果；(5) 增强相关政策制度实施的有效性。

8.3 研究展望

本书以脆弱性、生计资本以及政策认知为出发点，在农村脱贫人口可持续生计分析框架下，详细分析了其生计策略及生计结果现状和相关影响因素，并据此提出了一系列针对性建议。尽管如此，受新冠肺炎疫情的影响，加之时间、经费和篇幅有限，本书的研究在如下方面仍然需要不断完善和改进。

一是扩大调查区域。本书采用的数据主要来自中国西部的陕西省，得出的结论尽管可以为相关的研究提供有益借鉴和参考，但可能存在一定的局限性。因此，在今后的研究中，笔者将在条件允许的情况下扩大调查区域，以期能够对西部农村脱贫人口的生计状况进行更全面的研究。

二是进行纵向跟踪调查。本书主要采用2018年的横截面调查数据，尽管能够对上一年农村脱贫人口的生计状况进行详细说明，但尚不能反映农村脱贫人口随后一段时间内在脆弱性、生计资本、政策认知、生计策略和生计结果方面的动态变化。因此，今后的研究将在条件允许的情况下，定期增加和补充纵向时间数据。

  三是对可持续生计研究的进一步展开。由于篇幅和研究目标的限制，本书未对当期生计结果对下期生计资本的影响展开讨论，今后的研究将适时予以关注。

参考文献

安士伟、樊新生，2018，《基于收入源的农户生计策略及其影响因素分析——以河南省为例》，《经济经纬》第1期。

安祥生、陈园园、凌日平，2014，《基于结构方程模型的城镇化农民可持续非农生计分析——以晋西北朔州市为例》，《地理研究》第11期。

蔡洁、刘斐、夏显力，2020，《农村产业融合、非农就业与农户增收——基于六盘山的微观实证》，《干旱区资源与环境》第2期。

蔡洁、马红玉、夏显力，2017，《集中连片特困区农地转出户生计策略选择研究——基于六盘山的微观实证分析》，《资源科学》第11期。

车四方、谢家智、姚领，2019，《社会资本、农村劳动力流动与农户家庭多维贫困》，《西南大学学报》（社会科学版）第2期。

陈丽君、郁建兴、张瑶琼，2009，《基于知晓度的政策绩效评价：以浙江省湖州市城乡统筹就业促进政策和服务为例》，《公共行政评论》第6期。

陈前恒、林海、吕之望，2014，《村庄民主能够增加幸福吗？——基于中国中西部120个贫困村庄1800个农户的调查》，《经济学》（季刊）第2期。

陈永富、陈幸良、陈巧、潘辉、陈杰、李文林，2011，《新集体林权制度改革下森林资源变化趋势分析》，《林业经济》第1期。

陈卓，2015，《集体林区农户生计策略类型与生计满意度研究》，硕士学位论文，浙江农林大学。

程名望、盖庆恩、Jin Yanhong、史清华，2016，《人力资本积累与农户收入增长》，《经济研究》第1期。

程秋旺、于赟、俞维防、陈钦，2021，《不同生计策略类型对农户林种选择意愿的影响研究——基于福建省 477 户农户调查数据》，《生态经济》第 3 期。

储德银、赵飞，2013，《财政分权与农村贫困——基于中国数据的实证检验》，《中国农村经济》第 4 期。

崔宝玉、谢煜、徐英婷，2016，《土地征用的农户收入效应——基于倾向得分匹配（PSM）的反事实估计》，《中国人口·资源与环境》第 2 期。

崔新蕾、蔡银莺、张安录，2011，《农户参与保护农田生态环境意愿的影响因素实证分析》，《水土保持通报》第 5 期。

邓大松、李玉娇，2014，《制度信任、政策认知与新农保个人账户缴费档次选择困境——基于 Ordered Probit 模型的估计》，《农村经济》第 8 期。

邓道才、蒋智陶，2014，《知沟效应、政策认知与新农保最低档次缴费困境——基于安徽调查数据的实证分析》，《江西财经大学学报》第 1 期。

丁士军、张银银、马志雄，2016，《被征地农户生计能力变化研究——基于可持续生计框架的改进》，《农业经济问题》第 6 期。

方迎风，2014，《冲击、"能力"投资与贫困脆弱性》，《中国地质大学学报》（社会科学版）第 2 期。

方迎风、邹薇，2013，《能力投资、健康冲击与贫困脆弱性》，《经济学动态》第 7 期。

风笑天，2005，《现代社会调查方法》（第三版），华中科技大学出版社。

甘源，2019，《基于多项 Logistic 模型的医药企业信用风险评级》，硕士学位论文，西南财经大学。

高功敬，2016，《中国城市贫困家庭生计资本与生计策略》，《社会科学》第 10 期。

高华云、皮蕾、陶丽娜，2013，《强制性社会变迁中的非自愿移民能力发展研究》，《统计与决策》第 1 期。

高名姿、张雷、陈东平，2017，《政策认知、农地特征与土地确权工作农民满意度》，《现代经济探讨》第 10 期。

高帅、史婵、唐建军，2020，《基于增能赋权视角的农户贫困脆弱性缓解研究——以太行山连片特困地区为例》，《中国农村观察》第 1 期。

公茂刚、王学真、高峰，2010，《中国贫困地区农村居民粮食获取能力的影响因素——基于592个扶贫重点县的经验分析》，《中国农村经济》第4期。

管永昊、吴佳敏、贺伊琦，2020，《企业创新类型、非农就业与农民收入》，《财经问题研究》第1期。

郭碧銮，2010，《台湾农业全要素生产率的测度与分析》，《福州党校学报》第1期。

郭蕾蕾，2021，《农户生计策略选择与生计恢复力评估——基于三峡田园综合体农户调查数据的分析》，《中国农学通报》第8期。

郭庆光，2011，《传播学教程》（第二版），中国人民大学出版社。

郭秀丽、周立华、陈勇、杨国靖、赵敏敏、王睿，2017，《典型沙漠化地区农户生计资本对生计策略的影响——以内蒙古自治区杭锦旗为例》，《生态学报》第20期。

郝海广、李秀彬、辛良杰、田玉军，2010，《农户兼业行为及其原因探析》，《农业技术经济》第3期。

何仁伟，2013，《典型山区农户生计空间差异与生计选择研究——以四川省凉山彝族自治州为例》，四川大学出版社。

何仁伟、刘邵权、陈国阶、谢芳婷、杨晓佳、梁岚，2013，《中国农户可持续生计研究进展及趋向》，《地理科学进展》第4期。

胡业翠、刘桂真、何鑫茹，2016，《可持续生计框架下生态移民区农户生计资本分析——以广西环江县金桥村为例》，《农业经济》第12期。

胡原、曾维忠，2019，《深度贫困地区何以稳定脱贫？——基于可持续生计分析框架的现实思考》，《当代经济管理》第12期。

黄建伟，2011，《失地农民可持续生计问题研究综述》，《中国土地科学》第6期。

黄江玉、曹富国，2019，《我国PPP模式的减贫效应研究：基于可持续生计理论》，《财政研究》第11期。

黄志刚、陈晓楠、李健瑜，2018，《生态移民政策对农户收入影响机理研究——基于形成型指标的结构方程模型分析》，《资源科学》第2期。

江永红、马中，2008，《环境视野中的农民行为分析》，《江苏社会科学》

第 2 期。

蒋振、靳乐山，2021，《牧户生计资本对其草原畜牧兼业化的影响研究——以四川省红原县和若尔盖县为例》，《干旱区资源与环境》第 8 期。

金莲、王永平，2020，《生态移民生计风险与生计策略选择研究——基于城镇集中安置移民家庭生计资本的视角》，《贵州财经大学学报》第 1 期。

金千瑜、欧阳由男、禹盛苗、许德海，2003，《中国农业可持续发展中的水危机及其对策》，《农业现代化研究》第 1 期。

孔凡斌、阮华、廖文梅，2019，《不同贫困程度农户林权抵押贷款收入效应与贷款行为及其影响因素分析——基于 702 户农户调查数据的实证》，《林业科学》第 10 期。

黎洁，2017，《陕西安康移民搬近农户生计选择与分工分业的现状与影响因素分析——兼论陕南避灾移民搬迁农户的就地就近城镇化》，《西安交通大学学报》（社会科学版）第 1 期。

黎洁、李亚莉、邰秀军、李聪，2009，《可持续生计分析框架下西部贫困退耕山区农户生计状况分析》，《中国农村观察》第 5 期。

李秉文，2020，《"可持续生计"框架下欠发达地区乡村振兴推进策略研究——以甘肃省为例》，《甘肃行政学院学报》第 5 期。

李聪、柳玮、冯伟林、李树茁，2013，《移民搬迁对农户生计策略的影响——基于陕南安康地区的调查》，《中国农村观察》第 6 期。

李聪、柳玮、黄谦，2014，《陕南移民搬迁背景下农户生计资本的现状与影响因素分析》，《当代经济科学》第 6 期。

李翠珍、徐建春、孔祥斌，2012，《大都市郊区农户生计多样化及对土地利用的影响——以北京市大兴区为例》，《地理研究》第 6 期。

李辉、齐金玲，2010，《惠农政策知晓度及基层执行满意度研究——基于农民视角及云南、河南省的调查》，《湖南农业大学学报》（社会科学版）第 3 期。

李会琴、陈嫣琳、何彪、谢雪莲，2020，《可持续生计视角下易地搬迁精准扶贫效果评价》，《国土资源科技管理》第 2 期。

李慧玲、马海霞、杨睿,2017,《棉花主产区棉农生计资本对生计策略的影响分析——基于新疆玛纳斯县和阿瓦提县的调查数据》,《干旱区资源与环境》第 5 期。

李江一、李涵、甘犁,2015,《家庭资产-负债与幸福感:"幸福-收入"之谜的一个解释》,《南开经济研究》第 5 期。

李琳一、李小云,2007,《浅析发展学视角下的农户生计资产》,《农村经济》第 10 期。

李普亮、贾卫丽,2010,《农村家庭子女教育投资的实证分析——以广东省为例》,《中国农村观察》第 3 期。

李普亮、朱永德,2007,《农户对农村义务教育投入政策的认知状况及影响因素分析——基于对广东惠州市 171 个样本农户的调查》,《新疆农垦经济》第 5 期。

李青、薛珍、陈红梅、徐崇志,2016,《基于 CVM 理论的塔里木河流域居民生态认知区支付决策行为研究》,《资源科学》第 6 期。

李瑞锋、肖海峰,2007,《我国贫困农村地区居民的家庭食物安全影响因素分析》,《农业技术经济》第 3 期。

李树茁、梁义成、M. W. Feldman、G. C. Daily,2010,《退耕还林政策对农户生计的影响研究——基于家庭结构视角的可持续生计分析》,《公共管理学报》第 2 期。

李松柏、苏冰涛,2012,《"生态贫民"对国家生态保护政策认同度研究——以秦巴山区为例》,《科学·经济·社会》第 1 期。

李涛、史宇鹏、陈斌开,2011,《住房与幸福:幸福经济学视角下的中国城镇居民住房问题》,《经济研究》第 9 期。

李先东、李录堂、苏岚岚、夏咏,2019,《牧民草场流转的收入效应分析》,《农业技术经济》第 11 期。

李晓宁,2021,《农村危房改造效果及建议》,《合作经济与科技》第 1 期。

李秀芬、朱金兆、顾晓君、朱建军,2010,《农业面源污染现状与防治进展》,《中国人口·资源与环境》第 4 期。

李禹萱,2018,《福建省山区农户脆弱性与生计资本响应研究》,硕士学位论文,福建农林大学。

李玉山、陆远权，2020，《产业扶贫政策能降低脱贫农户生计脆弱性吗？——政策效应评估与作用机制分析》，《财政研究》第5期。

李志阳，2011，《社会资本、村务管理对农民收入影响的实证分析——基于村级数据的研究》，《兰州学刊》第1期。

梁爽、姜楠、谷树忠，2005，《城市水源地农户环境保护支付意愿及其影响因素分析——以首都水源地密云为例》，《中国农村经济》第2期。

梁义成、李树茁、李聪，2011，《基于多元概率单位模型的农户多样化生计策略分析》，《统计与决策》第15期。

刘彬彬、陆迁、李晓平，2014，《社会资本与贫困地区农户收入——基于门槛回归模型的检验》，《农业技术经济》第11期。

刘承芳、何雨轩、罗仁福、张林秀，2017，《农户认知和农地产权安全性对农地流转的影响》，《经济经纬》第2期。

刘凤鸣，2012，《我国农村社会资本与贫困代际传递研究》，硕士学位论文，华中师范大学。

刘金新，2018，《脱贫脆弱户可持续生计研究》，博士学位论文，中共中央党校。

刘婧、郭圣乾，2012，《可持续生计资本对农户收入的影响：基于信息熵法的实证》，《统计与决策》第17期。

刘璐璐、李锋瑞，2020，《黄土高原退耕农户生计资本对生计策略的影响——以甘肃会宁县为例》，《中国沙漠》第1期。

刘思琦，2016，《退耕还林工程对农户生计资本的影响研究》，硕士学位论文，北京林业大学。

刘伟婉，2015，《基于农户满意度的惠农政策实施绩效研究——以唐河县为例》，硕士学位论文，贵州大学。

刘文君，2010，《农户信用评价研究》，硕士学位论文，南昌大学。

刘一明、罗必良、郑燕丽，2013，《产权认知、行为能力与农地流转签约行为——基于全国890个农户的抽样调查》，《华中农业大学学报》（社会科学版）第5期。

刘雨露、郑涛，2019，《"三农"保险促进农村长效脱贫的作用机制及对策研究》，《西南金融》第9期。

刘振滨、林丽梅、郑逸芳，2017，《生活幸福感、政治认知与农民选举参与行为》，《江西财经大学学报》第 5 期。

卢丽萍、程丛兰、刘伟东、覃志豪，2009，《30 年来我国农业气象灾害对农业生产的影响及其空间分布特征》，《生态环境学报》第 4 期。

罗丞、王粤，2020，《摆脱农村贫困：可持续生计分析框架的解释与政策选择》，《人文杂志》第 4 期。

马铃、刘晓昀，2014，《发展农业依然是贫困农户脱贫的重要途径》，《农业技术经济》第 12 期。

马明、陈绍军、陶思吉、曹志杰，2021，《易地扶贫搬迁移民生计策略、生计资本与家庭收入影响研究——以云南少数民族深度贫困地区为例》，《干旱区资源与环境》第 8 期。

马志雄、王娟、丁士军，2018，《被征地农户的生计转型："土地换货币"可行吗？》，《华中农业大学学报》（社会科学版）第 5 期。

毛学峰、刘晓昀，2005，《贸易自由化对贫困农户劳动力非农就业的影响》，《中国农村观察》第 2 期。

蒙吉军、艾木入拉、刘洋、向芸芸，2013，《农牧户可持续生计资产与生计策略的关系研究：以鄂尔多斯市乌审旗为例》，《北京大学学报》（自然科学版）第 2 期。

纳列什·辛格、乔纳森·吉尔曼、祝东力，2000，《让生计可持续》，《国际社会科学杂志》（中文版）第 4 期。

聂荣、闫宇光、王新兰，2013，《政策性农业保险福利绩效研究——基于辽宁省微观数据的证据》，《农业技术经济》第 4 期。

宁泽逵，2017，《农户可持续生计资本与精准扶贫》，《华南农业大学学报》（社会科学版）第 1 期。

潘云新、苏飞、赵秀芳、马莉莎、庞凌峰，2012，《城市农民工生计风险分析及其政策建议》，《北方经贸》第 12 期。

潘泽泉、杨莉瑰，2010，《社会政策认知、行动逻辑与生存策略——基于长沙市农民工的实证研究》，《学习与实践》第 4 期。

庞洁、徐珂、靳乐山，2021，《湿地生态补偿对农户生计策略和收入的影响研究——以鄱阳湖区调研数据为例》，《中国土地科学》第 4 期。

彭继权、吴海涛、孟权，2018，《家庭生命周期、社会资本与农户生计策略研究》，《中国农业大学学报》第 9 期。

彭林园，2019，《农村劳动力转移与土地流转制度协同机制构建》，《农业经济》第 11 期。

彭清、王成、邓春，2017，《承包农户耕地转出潜力及空间组织经营模式——基于农户生计资本视角》，《资源科学》第 8 期。

乔慧、刘爽、郑风田，2019，《精准扶贫背景下建档立卡政策的增收效应测度：自我"造血"还是外部"输血"？》，《经济与管理研究》第 9 期。

秦秀红，2010，《兼业农户、现代农户与国家食物安全》，《中国农学通报》第 17 期。

曲玮、涂勤、牛叔文、胡苗，2012，《自然地理环境的贫困效应检验——自然地理条件对农村贫困影响的实证分析》，《中国农村经济》第 2 期。

史恒通、睢党臣、徐涛、赵敏娟，2017，《生态价值认知对农民流域生态治理参与意愿的影响——以陕西省渭河流域为例》，《中国农村观察》第 2 期。

斯丽娟、夏瑶、陶杰、刘宇浩，2019，《旅游精准扶贫绩效影响因子研究——基于可持续生计理论》，《西北农林科技大学学报》（社会科学版）第 1 期。

苏芳、蒲欣冬、徐中民、王立安，2009，《生计资本与生计策略关系研究——以张掖市甘州区为例》，《中国人口·资源与环境》第 6 期。

孙海兵，2015，《南水北调库区移民可持续生计研究》，《水里发展研究》第 5 期。

谭燕芝、叶程芳，2020，《农户创业与农村家庭贫困脆弱性》，《湘潭大学学报》（哲学社会科学版）第 1 期。

谭伊文、何广文，2017，《商业银行农村小额贷款对农户收入的影响——以 B 市商业银行小额贷款为例》，《哈尔滨工业大学学报》（社会科学版）第 3 期。

唐轲、周易、张志强、孟全省，2013，《可持续生计分析框架下退耕户与非退耕户生计状况分析》，《西北林学院学报》第 4 期。

万婷、蒲春玲、陶崇鑫，2016，《新疆南部地区农户生计策略研究》，《农业经济》第5期。

王昌海，2014，《农户生态保护态度：新发现与政策启示》，《管理世界》第11期。

王国红，2007，《试论政策执行中的政策认同》，《湖南师范大学社会科学学报》第4期。

王国敏、张宁、杨永清，2017，《贫困脆弱性解构与精准脱贫制度重构——基于西部农村地区》，《社会科学研究》第5期。

王娟、吴海涛、丁士军，2014，《山区农户最优生计策略选择分析——基于滇西南农户的调查》，《农业技术经济》第9期。

王兰鹏，2012，《农民对农村公共政策认知的研究现状与提升策略》，《中央社会主义学院学报》第2期。

王利平、王成、李晓庆，2012，《基于生计资产量化的农户分化研究——以重庆市沙坪坝区白林村471户农户为例》，《地理研究》第5期。

王鹏远，2011，《关于政策执行过程中目标群体政策认知的分析》，广州大学研究生学术论坛公共管理分论坛暨"变革时代的公共治理"学术研讨会论文，广州。

王琪瑛，2019，《收入、健康、社会公平感与居民主观幸福感——一个区域差异分析视角》，《社科纵横》第11期。

王庶、岳希明，2017，《退耕还林、非农就业与农民增收——基于21省面板数据的双重差分分析》，《经济研究》第4期。

王玥琳、施国庆，2020，《农村失地家庭的脆弱性研究》，《统计与信息论坛》第2期。

王振振、王立剑，2019，《精准扶贫可以提升农村贫困户可持续生计吗？——基于陕西省70个县（区）的调查》，《农业经济问题》第4期。

王志刚、吕杰、郗凤明，2015，《循环农业工程：农户认知、行为与决定因素分析——以辽宁省为例》，《生态经济》第6期。

王致和，2018，《甘肃省易地扶贫搬迁的实践与思考——以武威市天祝与古浪为例》，《甘肃农业》第21期。

韦惠兰、白雪，2019，《退耕还林影响农户生计策略的表现与机制》，《生态经济》第9期。

韦惠兰、祁应军，2016，《农户生计资本与生计策略关系的实证分析——以河西走廊沙化土地封禁保护区外围为例》，《中国沙漠》第 2 期。

文琦、刘彦随，2008，《北方干旱化对水土资源与粮食安全的影响及适应——以陕北地区为例》，《干旱区资源与环境》第 7 期。

乌云花、苏日娜、许黎莉、杨志坚、王明利，2017，《牧民生计资本与生计策略关系研究——以内蒙古锡林浩特市和西乌珠穆沁旗为例》，《农业技术经济》第 7 期。

吴比、Ziming Li、杨汝岱、彭超，2016，《农村政策执行协商会影响农民的政策满意度吗？》，《中国农村经济》第 4 期。

吴军民，2015，《农村贫困家庭生计支持政策效应研究》，复旦大学出版社。

伍艳，2015，《农户生计资本与生计策略的选择》，《华南农业大学学报》（社会科学版）第 2 期。

伍艳，2016，《贫困山区农户生计资本对生计策略的影响研究——基于四川省平武县和南江县的调查数据》，《农业经济问题》第 3 期。

伍艳，2020，《生计资本视角下农户稳定脱贫的动态测度》，《华南农业大学学报》（社会科学版）第 2 期。

武岩、胡必亮，2014，《社会资本与中国农民工收入差距》，《中国人口科学》第 6 期。

夏瑞卿、杨忠，2013，《社会认知视角的知识共享行为研究》，《情报杂志》第 11 期。

夏诗涵、王建洪，2020，《乡村振兴背景下脱贫户可持续生计影响因素研究——以秦巴山区为例》，《湖北农业科学》第 15 期。

向楠、叶慧、罗琦珊，2015，《武陵山区贫困农户生计资本评估及政府对策探究——以湖南省桑植县沙塔坪乡为例》，《安徽农业科学》第 8 期。

肖扬，2010，《衡量顾客满意度的指数方法》，《合作经济与科技》第 12 期。

肖云、严茉，2012，《我国农村贫困人口对扶贫政策满意度影响因素研究》，《贵州社会科学》第 5 期。

谢花林，2011，《基于 Logistic 回归模型的区域生态用地演变影响因素分析——以京津冀地区为例》,《资源科学》第 11 期。

谢来位,2010,《惠农政策执行效力提升的阻滞因素及对策研究——以国家城乡统筹综合配套改革试验区为例》,《农村经济》第 3 期。

谢颜、李文明,2010,《从消费需求角度探索保障我国粮食安全的新途径》,《中国粮食经济》第 5 期。

邢鹂、黄昆,2007,《政策性农业保险保费补贴对政府财政支出和农民收入的模拟分析》,《农业技术经济》第 3 期。

邢美华、张俊飚、黄光体,2009,《未参与循环农业农户的环保认知及其影响因素分析——基于晋、鄂两省的调查》,《中国农村经济》第 4 期。

徐超、宫兵,2017,《农民创业是否降低了贫困脆弱性》,《现代财经》(天津财经大学学报) 第 5 期。

徐超、李林木,2017,《城乡低保是否有助于未来减贫——基于贫困脆弱性的实证分析》,《财贸经济》第 5 期。

徐汉明、刘春伟,2012,《农户宅基地使用权流转意愿及影响因素研究——基于武汉市江夏区 210 户调查问卷分析》,《西北农林科技大学学报》(社会科学版) 第 6 期。

徐美银、钱忠好,2009,《农地产权制度：农民的认知及其影响因素——以江苏省兴化市为例》,《华南农业大学学报》(社会科学版) 第 2 期。

许彩华、余劲,2020,《"三权分置"背景下土地流转的收入效应分析——基于粮食主产区 3 省 10 县的农户调查》,《华中农业大学学报》(社会科学版) 第 1 期。

薛惠元,2013,《新型农村社会养老保险减贫效应评估——基于对广西和湖北的抽样调研》,《现代经济探讨》第 3 期。

严登才,2011,《搬迁前后水库移民生计资本的实证对比分析》,《现代经济探讨》第 6 期。

阎建忠、吴莹莹、张镱锂、周绍宾、石玉林,2009,《青藏高原东部样带农牧民生计的多样化》,《地理学报》第 2 期。

颜廷武、张童朝、张俊飚,2017,《特困地区自然灾害脆弱性及其致贫效应的调查分析》,《中国农业气象》第 8 期。

杨国永、张莉莉,2019,《农民工回乡建房的城乡"推拉"分析——基于

"反推拉"的外部情境分析视角》,《城市发展研究》第 12 期。

杨浩、庄天慧、蓝红星,2016,《气象灾害对贫困地区农户脆弱性研究——基于全国 592 个贫困县 53271 户的分析》,《农业技术经济》第 3 期。

杨煌,2021,《实现中华民族伟大复兴中国梦的关键一步》,《中华魂》第 7 期。

杨龙、汪三贵,2015,《贫困地区农户脆弱性及其影响因素分析》,《中国人口·资源与环境》第 10 期。

杨维鸽、陈海、高海东、王涛,2010,《农户对退耕政策的认知及其影响因素研究——以米脂县杨家沟镇为例》,《水土保持通报》第 1 期。

叶初升、赵锐、李慧,2014,《经济转型中的贫困脆弱性:测度、分解与比较——中俄经济转型绩效的一种微观评价》,《经济社会体制比较》第 1 期。

易红梅、张林秀、罗仁福、刘承芳、Scott Rozelle,2011,《新型农村合作医疗:农民认知与受益调查》,《人口学刊》第 1 期。

于敏,2011,《贫困地区农村居民收入流动研究——以甘肃省贫困县为例》,《中国农村观察》第 2 期。

于伟咏、漆雁斌,2018,《退耕还林工程对农业产业结构和人口流动的影响研究》,《林业经济》第 3 期。

余亮亮、蔡银莺,2015,《基于农户受偿意愿的农田生态补偿——以湖北省京山县为例》,《应用生态学报》第 1 期。

喻闻、李芸,2010,《我国贫困地区动物性食物消费研究——基于西部农村的调查分析》,《中国食物与营养》第 7 期。

袁梁、张光强、霍学喜,2017,《生态补偿对国家重点生态功能区居民可持续生计的影响——基于"精准扶贫"视角》,《财经理论与实践》第 6 期。

翟彬、梁流涛,2015,《基于可持续生计的农村反贫困研究——以甘肃省天水贫困地区为例》,《农村经济》第 5 期。

张国庆,1997,《现代公共政策导论》,北京大学出版社。

张建新、郑大玮,2005,《国内外集雨农业研究进展与展望》,《干旱地区农业研究》,第 2 期。

张萍、沈晓婷,2015,《农村金融生态体系的构建与评价——以浙江省为例》,《农业经济问题》第 12 期。

张钦、薛海丽、唐海萍,2019,《问卷调查法在可持续生计框架中的应用》,《统计与决策》第 16 期。

张钦、赵雪雁、王亚茹、雒丽、薛冰,2016,《气候变化对农户生计的影响研究综述》,《中国农业资源与规划》第 9 期。

张星、陈惠、吴菊薪,2008,《气象灾害影响福建粮食生产安全的机理分析》,《自然灾害学报》第 2 期。

张永丽、刘卫兵,2017,《"教育致贫"悖论解析及相关精准扶贫策略研究——以甘肃 14 个贫困村为例》,《经济地理》第 9 期。

张玉梅、陈志钢,2015,《惠农政策对贫困地区农村居民收入流动的影响——基于贵州 3 个行政村农户的追踪调查分析》,《中国农村经济》第 7 期。

张正峰,2012,《土地整治可持续性的标准与评估》,《农业工程学报》第 7 期。

章政、林卫斌,2005,《制度创新与中国食物安全保障》,《农业经济问题》第 1 期。

赵立娟、王苗苗、史俊宏,2019,《农地转出视阈下农户生计资本现状及影响因素分析——基于 CFPS 数据的微观实证》,《农业现代化研究》第 4 期。

赵文娟、杨世龙、王潇,2016,《基于 Logistic 回归模型的生计资本与生计策略研究——以云南新平县干热河谷傣族地区为例》,《资源科学》第 1 期。

赵雪雁、刘春芳、王学良、薛冰,2016,《干旱区内陆河流域农户生计对生态退化的脆弱性评价——以石羊河中下游为例》,《生态学报》第 13 期。

郑建君,2014,《青年群体政策参与认知、态度与行为关系研究》,《青年研究》第 6 期。

周升强、高原、赵凯,2020,《草原生态补奖对贫困农牧户收入的影响》,

《西北农林科技大学学报》（社会科学版）第 2 期。

周义、李梦玄，2014，《失地冲击下农民福利的改变和分化》，《农业技术经济》第 1 期。

朱建军、胡继连、安康、霍明，2016，《农地转出户的生计策略选择研究——基于中国家庭追踪调查（CFPS）数据》，《农业经济问题》第 2 期。

朱利凯、蒙吉军、刘洋、周平，2011，《农牧交错区农牧户生计与土地利用——以内蒙古鄂尔多斯市乌审旗为例》，《北京大学学报》（自然科学版）第 1 期。

邹东升、包倩宇，2017，《城市水务 PPP 的政府规制绩效指标构建——基于公共责任的视角》，《中国行政管理》第 7 期。

左冰、陈威博，2016，《旅游度假区开发对拆迁村民生计状况影响——以珠海长隆国际海洋度假区为例》，《热带地理》第 5 期。

Ahearn, M. C., H. El-Osta, and J. Dewbre. 2006. "The Impact of Coupled and Decoupled Government Subsidies on Off-Farm Labor Participation of US Farm Operators." *American Journal of Agricultural Economics* 88 (2): 393-408.

Arunachalam, R. and A. Shenoy. 2017. "Poverty Traps, Convergence, and the Dynamics of Household Income." *Journal of Development Economics* 126, 215-230.

Asefi-Najafabady, S., K. L. Vandecar, A. Seimon, P. Lawrence, and D. Lawrence. 2018. "Climate Change, Population, and Poverty: Vulnerability and Exposure to Heat Stress in Countries Bordering the Great Lakes of Africa." *Climatic Change* 148, 561-573.

Baffoe, G. and H. Matsuda. 2018. "An Empirical Assessment of Households Livelihood Vulnerability: The Case of Rural Ghana." *Social Indicators Research* 140, 1225-1257.

Baumgartner, R. 2009. "In Search of Sustainable Livelihood Systems." *Institute for Social and Economic Change* 11 (2).

Berg, M. V. D. 2010. "Household Income Strategies and Natural Disasters:

Dynamic Livelihoods in Rural Nicaragua." *Ecological Economics* 69 (3): 592-602.

Beyene, F. and M. Muche. 2010. "Determinants of Food Security among Rural Households of Central Ethiopia: An Empirical Analysis." *Quarterly Journal of International Agriculture* 49: 299-318.

Campbell, A., P. E. Converse, and W. L. Rodgers. 1976. "The Quality of American Life: Perceptions, Evaluations, and Satisfactions." *Academy of Management Review* 2 (4): 694.

Carney, D. 1998. *Sustainable Rural Livelihoods: What Contribution Can We Make?* London: Department for International Development.

Carter, M. R. and C. B. Barrett. 2006. "The Economics of Poverty Traps and Persistent Poverty: An Asset-Based Approach." *Social Science Electronic Publishing* 42 (2): 178-199.

Cernea, M. M. 2017. "Involuntary Resettlement in Development Projects: Policy Guidelines in World Bank Financed Projects." World Bank Technical Paper, http://elibrary.worldbank.org/doi/book/10.1596.

Chambers, R. and G. R. Conway. 1992. *Sustainable Rural Livelihoods: Practical Concepts for the 21st Century*. Brighton: Institute of Development Studies (UK).

Cherni, J. A. and Y. Hill. 2009. "Energy and Policy Providing for Sustainable Rural Livelihoods in Remote Locations-The Case of Cuba." *Geoforum* 40 (4): 645-654.

Churchill, S. A. V. andMishra. 2017. "Trust, Social Networks and Subjective Wellbeing in China." *Social Indicators Research* 132 (1): 313-339.

Coleman-Jensen, A., C. Gregory, and A. Singh. 2014. "Household Food Ecurity in the United States in 2013." *USDA-ERS Economic Research Report* (173).

Cramb, R. A., T. Purcell, and T. C. S. Ho. 2004. "Participatory Assessment of Rural Livelihoods in the Central Highlands of Vietnam." *Agricultural Systems* 81 (3): 0-272.

DFID. 1999. "Sustainable Livelihoods Guidance Sheets." Available at: www.livelihoods.org/info/info_guidancesheets.html (accessed 05 April 2007).

DFID. 2000. *Sustainable Livelihoods Guidance Sheets*. London: Department for International Development.

DFID. 2011. *Sustainable Livelihoods Guidance sheets*. London: Department for International Development.

Easterlin, R. A. 2001. "Income and Happiness: Towards a Unified Theory." *The Economic Journal* 111 (473): 465-484.

Ellis, F. 1987. "Agricultural Development in Southern Africa: Farm Household Economics and the Food Crisis." *African Affairs* 86 (343).

Ellis, F. 1998. "Household Strategies and Rural Livelihood Diversification." *The Journal of Development Studies* 35 (1): 1-38.

Ellis, F. 2000. *Rural Livelihoods and Diversity in Developing Countries*. Oxford: Oxford University Press.

Ellis, F. and G. Bahiigwa. 2003. "Livelihoods and Rural Poverty Reduction in Uganda." *World Development* 31 (6): 997-1013.

Hennessy, D. A. 1998. "The Production Effects of Agricultural Income Support Policies under Uncertainty." *American Journal of Agricultural Economics* (80): 46-57.

Jiao, X., M. Pouliot, and S. Z. Walelign. 2017. "Livelihood Strategies and Dynamics in Rural Cambodia." *World Development* 97 (9): 266-278.

Kettings, C., A. J. Sinclair, and M. A. Voevodin. 2009. "Healthy Diet Consistent with Australian Health Recommendations is too Expensive for Welfare-dependent Families." *Australian and New Zealand Journal of Public Health* 33 (6): 566-572.

Klasen, S., T. Lechtenfeld, and F. A. Povel. 2015. "Feminization of Vulnerability? Female Headship, Poverty, and Vulnerability in Thailand and Vietnam." *World Development* 71: 36-53.

Lam, K. C. J. and P. W. Liu. 2014. "Socio-economic Inequalities in Happiness in China and US. " *Social Indicators Research* 116 (2): 509-533.

Li, J. 2016. " Why Economic Growth did not Translate into Increased Happiness: Preliminary Results of a Multilevel Modeling of Happiness in China. " *Social Indicators Research* 128 (1): 241-263.

Lian, G. , X. D. Guo, and B. J. Fu et al. 2007. " Farmer's Perception and Response towards Land Policy and Eco-environment Based on Participatory Rural Appraisal: A Case Study in the Loess Hilly Area, China. " *The International Journal of Sustainable Development & World Ecology* 14 (2): 182-191.

North, D. C. 2005. Understanding the Process of Economic Change. Princeton University Press.

Otis, N. 2017. "Subjective well-being in China: Associations with Absolute, Relative, and Perceived Economic Circumstances. " *Social Indicators Research* 132 (2): 885-905.

Scoones, I. 1998. " Sustainable Rural Livelihoods: A Framework for Analysis. " *Studies* 25 (4): 571-575.

Sicat, L. V. 2013. "Poverty Alleviation through Skills Training Provided by State Universities and Colleges (SUCs) to their Communities: An Evaluation. " *Lamure International Journal of Social Sciences* 6 (1) .

Simtowe, F. P. 2010. "Livelihoods Diversification and Gender in Malawi. " *African Journal of Agricultural Research* 5 (3): 204-216.

Singh, P. K. and B. N. Hiremath. 2010. "Sustainable Livelihood Security Index in a Developing Country: A Tool for Development Planning. " *Ecological Indicators* 10 (2): 442-451.

Soltani, A. , A. Angelsen. , and T. Eid et al. 2012. "Poverty, Sustainability, and Household Livelihood Strategies in Zagros, Iran. " *Ecological Economics* 79 (7): 60-70.

Steele, L. G. and S. M. Lynch. 2013. " The Pursuit of Happiness in China: Individualism, Collectivism, and Subjective Well-being during China's Economic and Social Transformation. " *Social Indicators Research* 114:

441-451.

Tani, M. Hukou. 2017. "Changes and Subjective Well-being in China." *Social Indicators Researoh* 132 (1): 47-61.

von Braun, J. and M. Torero. 2009. "Exploring the Price Spike." *Choices* 24 (1): 16-21.

Xu, D., L. Peng, and S. Liu et al. 2017. "Influences of Migrant Work Income on the Poverty Vulnerability Disaster Threatened Area: A Case Study of the Three Gorges Reservoir Area, China." *International Journal of Disaster Risk Reduction* 22: 62-70.

Zhang, Y., H. Wei, and B. Zhang et al. 2015. "Influence of Health Policy Cognition on Health Seeking Behavior and Medical Experience of Community Residents." *Chinese Nursing Research*.

Zilberman, D., L. Lipper, and N. McCarthy. 2008. "When Could Payments for Environmental Services Benefit the Poor?" *Environment and Development Economics* 13 (3): 255-278.

附录　可持续生计调查问卷

根据2009年修订的《统计法》第三章第二十五条，本资料属于"统计调查中获得的能够识别或者推断单个统计调查对象身份的资料"，不得对外提供、泄露，不得用于统计以外的目的。

可持续生计调查问卷

被访人姓名_____　　问卷编码：□□□□□□

被访人住址_____县（区）_____乡（镇）_____村_____村民小组

访问时间：□□月□□日　　如果调查未完成，原因是：_____

访问员姓名_____　　核对人姓名_____

核对人的检查结果　合格（　　）　　不合格（　　）

您好！西安交通大学正在开展一项有关可持续生计的社会调查，特邀请您参加本次调查！调查中将询问有关您及您家庭的资产、生活、生产方面的一些问题，包括您家的人口、资产、农业生产、非农生产、消费、外出务工、参与社区组织及自身的感受和对政策的看法等。课题组向您郑重承诺：本次调查的信息严格保密，除了合格的研究人员，任何人不会接触到这些资料，您的回答不会和任何能够表明您身份的信息产生联系。

再次感谢您的合作！

课题组
2018年7月

注：1. 问卷中所指的家庭成员是指与您共享生活开支与收入的人，还包括：①由您家供养的在外学生（含大中专学生和研究生）；②未分家的

农村外出从业人员和随迁家属，无论其外出时间长短；③轮流居住的老人；④在您家居住的孙子、孙女、外甥、外甥女等。

2. 如无特殊说明，请在每题的答案上打钩或将选项数字代码填入题后的方框内。

第一部分　家庭基本信息

101. 您的性别是？　　　　　　　　　　　　　101□

1. 男　2. 女

102. 您的出生年月是？　　　　　　　　　　102□□□□年□□月

103. 您的婚姻状况是？（说明："初婚"指只结过一次婚，且目前尚存在婚姻关系）　　　　　　　　　　　　　103□

1. 已婚（初婚）　2. 已婚（再婚）　3. 离异　4. 丧偶　5. 未婚

104. 您的政治面貌是？　　　　　　　　　　　　104□

1. 共青团员　2. 共产党员（含预备党员）　3. 民主党派　4. 群众

105. 您的民族是？　　　　　　　　　　　　　105□

1. 汉族　2. 少数民族

106. 您家的地理位置在？　　　　　　　　　　106□

1. 平原地区　2. 山区　3. 丘陵地带　4. 江（海）边　5. 其他

107. 您家户籍人口 a.＿＿人；其中，60 岁以上老人 b.＿＿人，16 岁以下未成年人 c.＿＿人；具有劳动能力的男性 d.＿＿人，女性 e.＿＿人，无劳动能力的 f.＿＿人；常年在家务农 g.＿＿人，常年在外打工 h.＿＿人。

108. 过去一年里，您家生产经营性收入共计（种植业、养殖业等）＿＿元，工资性收入（务工收入等）＿＿元，财产性收入（土地流转、股息、房租租金、利息等收入）＿＿元，转移性收入（亲友赠送收入、离退休金、赡养费、救济金、抚恤金、慰问金、低保补助、救灾扶贫和各种补贴收入）＿＿元。

109. 您家庭的主要收入来源包括？

	1	2	3	4	5	6	7	8	9
109									

1. 种植业　2. 养殖业　3. 自主经营　4. 务工收入

5. 土地流转、股息、利息　6. 亲友赠送　7. 政府提供的生活保障性资金

8. 政府提供的扶贫项目资金　9. 其他

110. 您家的家庭成员享受的社会保障有哪些？

	1	2	3	4	5	6	7
110							

1. 新农保（养老保险）　2. 新农合（医疗保险）　3. 低保　4. 五保

5. 大病保险　6. 其他　7. 无

111. 您家现在是否为贫困户？　　　　　　　　　　　　　　111□

1. 曾经是贫困户，现在已脱贫　2. 是国家标准贫困户

3. 是省定标准贫困户

112. 您的家庭现在或曾经主要致贫的原因是什么？

	1	2	3	4	5	6	7	8	9	10	11
112											

1. 因病　2. 因残　3. 因学　4. 因灾　5. 缺土地　6. 缺水

7. 缺技术　8. 缺劳动力　9. 缺资金　10. 交通条件落后

11. 自身发展动力不足

113. 您家里吃饭问题是否已经解决　　　　　　　　　　　　113□

1. 是　2. 否

114. 您家里穿衣问题是否已经解决？　　　　　　　　　　　114□

1. 是　2. 否

115. 您家是否有残疾人、重病病人或慢性病病人？　　　　　115□

1. 是　2. 否（跳到117）

116. 您家是否能负担得起家中病人的医疗费用？　　　　　　116□

1. 是　2. 否

117. 您家是否获得了扶贫帮扶措施？　　　　　　　　　　　117□

1. 是 2. 否（跳到122）

118. 您家获得了哪些帮扶措施？

	1	2	3	4	5	6	7	8	9	10
118										

1. 危房改造　2. 医疗救助　3. 小额信用贷款　4. 子女助学补贴

5. 最低生活保障　6. 劳动力技能培训　7. 易地扶贫　8. 以工代赈

9. 发展特色产业　10. 其他

119. 您对现有的帮扶方式是否满意？　　　　　　　　　　　　119□

1. 满意　2. 不满意

120. 您对帮扶工作成效是否满意？　　　　　　　　　　　　120□

1. 满意　2. 不满意

121. 在大家的帮助下，您家近一年来主要在哪些方面有改善？

1. 收入增加　2. 住房条件改善　3. 医疗费用降低

4. 子女读书条件改善　5. 其他　6. 无改善

122. 您家最希望获得哪些方面的帮助？　　　　　　　　　　122□

1. 资金支持　2. 劳动力技能培训　3. 危房改造　4. 医疗救助

5. 子女教育　6. 其他

第二部分　脆弱性环境

201. 近三年是否有干旱、洪涝、滑坡、泥石流、冰雹、低温冷冻和雪灾等自然灾害对您家造成损失？　　　　　　　　　　　　201□

1. 是　2. 否

202. 近三年您自己或家人是否患过重大疾病？　　　　　　　202□

1. 是　2. 否

203. 近三年您自己或家人是否遭遇过意外事故？（如意外伤害）203□

1. 是　2. 否

204. 近三年您家是否发生了建房或买房、婚丧嫁娶、子女上大学（大中专）等事件？　　　　　　　　　　　　　　　　　　　　204□

1. 是　2. 否

205. 近三年您自家的农（林、牧、渔）作物（产品）和家畜（猪、牛、羊、鸡、鸭等）是否发生过虫害或疾病？　　　　　　　205□

1. 是　2. 否

206. 近三年您家是否因拆迁、退耕还林等政策而丧失了土地？206□

1. 是　2. 否

207. 下列哪些生产资料的价格上涨对您的生产造成了不利影响？

	1	2	3	4	5	6	7	8	9	10	11
207											

1. 农用手工工具　2. 饲料　3. 仔畜、幼畜及产品畜

4. 半机械化农具（如播种机）　5. 机械化农具　6. 化肥

7. 种子和薄膜　8. 农药和农药械　9. 农用机油

10. 农业生产服务（如技术指导、农业用电、农业用功）

11. 以上都没有

208. 下列哪些消费品的价格上涨对您的生活造成了不利影响？

	1	2	3	4	5	6	7	8
208								

1. 食品、烟酒　2. 服装　3. 住房及水电　4. 生活用品及服务

5. 交通和通信　6. 文化教育、娱乐用品及服务　7. 医疗保健

8. 以上都没有

209. 近三年您家生产的农（林、畜、水）产品是否有卖不出去或贱卖的情况？　　　　　　　　　　　　　　　　　　　　209□

1. 是　2. 否

210. 近三年您家生产的农（林、畜、水）产品的产量是否减少？

210□

1. 是　2. 否（跳到212题）

211. 近三年您家农（林、畜、水）产品减收的主要原因是？　211□

1. 农药、化肥等价格变动较大　2. 遭受自然灾害

3. 家人遭受重大疾病或意外伤害　4. 乡（镇）、村统一调整种（养）结构

5. 其他

212. 近三年您或您的家人是否遇到过外出打工找不到工作或被辞退的状况？　　　　　　　　　　　　　　　　　　　　　212□

1. 是　2. 否

213. 您是否担心以下情况发生？

A. 您自身或家人发生意外事故。　　　　　　　　　　　　　A□
　1. 一点也不担心　2. 不担心　3. 说不准　4. 担心　5. 非常担心

B. 您自身或家人突发重大疾病交不起医药费。　　　　　　　B□
1. 一点也不担心　2. 不担心　3. 说不准　4. 担心　5. 非常担心

C. 突发干旱、洪涝、滑坡、泥石流、冰雹、低温冷冻和雪灾等自然灾害。 　　　　　　　　　　　　　　　　　　　　　　　　　　　C□
1. 一点也不担心　2. 不担心　3. 说不准　4. 担心　5. 非常担心

D. 自家的农作物、林作物等突然发生虫害或疾病。　　　　　　D□
1. 一点也不担心　2. 不担心　3. 说不准　4. 担心　5. 非常担心

E. 自家养殖的牛、猪、羊或者鸡等突然发生疾病。　　　　　　E□
1. 一点也不担心　2. 不担心　3. 说不准　4. 担心　5. 非常担心

F. 自家的农产品或林产品歉收。　　　　　　　　　　　　　　F□
1. 一点也不担心　2. 不担心　3. 说不准　4. 担心　5. 非常担心

G. 自家养殖的牛、猪、羊或者鸡等产量减少。　　　　　　　　G□
1. 一点也不担心　2. 不担心　3. 说不准　4. 担心　5. 非常担心

H. 生产资料、生产工具越来越贵。　　　　　　　　　　　　　H□
1. 一点也不担心　2. 不担心　3. 说不准　4. 担心　5. 非常担心

I. 生产的农产品卖不出去或者卖不上好价钱。　　　　　　　　I□
1. 一点也不担心　2. 不担心　3. 说不准　4. 担心　5. 非常担心

J. 子女上学交不起学费。　　　　　　　　　　　　　　　　　J□
1. 一点也不担心　2. 不担心　3. 说不准　4. 担心　5. 非常担心

K. 子女找不到对象或婚嫁彩礼或嫁妆等负担过重。　　　　　　K□
1. 一点也不担心　2. 不担心　3. 说不准　4. 担心　5. 非常担心

L. 您或家人出去打工的工资不能按时发放。　　　　　　　　　L□
1. 一点也不担心　2. 不担心　3. 说不准　4. 担心　5. 非常担心

M. 老人突发疾病需要照料时，自己忙不过来。　　　　　　　　M□
1. 一点也不担心　2. 不担心　3. 说不准　4. 担心　5. 非常担心

N. 自己老来没有保障。　　　　　　　　　　　　　　　　　　N□
1. 一点也不担心　2. 不担心　3. 说不准　4. 担心　5. 非常担心

O. 国家政策或土地政策发生变化。 O□
　1. 一点也不担心　2. 不担心　3. 说不准　4. 担心　5. 非常担心

P. 自家土地被征用。 P□
　1. 一点也不担心　2. 不担心　3. 说不准　4. 担心　5. 非常担心

214. 当您的家庭遭遇意外冲击时您会采取什么措施来应对？　214□
　1. 外出务工　2. 出售资产　3. 减少消费　4. 借钱　5. 动用储蓄
　6. 其他

第三部分　生计资本

301. 您目前的身体健康状况如何？ 301□
　1. 非常不好　2. 不好　3. 一般　4. 好　5. 非常好

302. 您的受教育程度是？ 302□
　1. 没上过学　2. 小学　3. 初中　4. 高中（含中专、技校）
　5. 本科（大专）及以上

303. 您是否熟练掌握某项手艺或技术（如木匠、泥水匠、种养技能等）？
　1. 是　2. 否 303□

304. 您是否接受过职业技能培训（包括农业技能培训、养殖技能培训、加工制造技能培训等）？ 304□
　1. 是　2. 否

305. 您家所拥有的宅基地面积为？　305□□□平方米

306. 您家可使用的土地情况（没有填0，包括租用的土地）

| A. 耕地（粮田、菜地）旱地面积：□□□亩 |
| B. 园地（果园、苗圃、花卉）面积：□□□亩 |
| C. 林地（包括自留山、承包林等）面积：□□□亩 |
| D. 草地面积：□□□亩 |
| E. 水面面积：□□□亩 |

307. 您家住房共有几间房间？ 307□

1. 一间　2. 两间　3. 三间　4. 四间　5. 五间及以上

308. 您家庭的房屋结构是？　　　　　　　　　　　　　　308□

1. 竹草土坯　2. 砖混结构　3. 砖瓦砖木结构　4. 钢筋混凝土　5. 其他

309. 您家住房是否属于危房？　　　　　　　　　　　　　309□

1. 是　2. 否

310. 您本人居住的房子是否靠近公路？　　　　　　　　　310□

1. 是　2. 否

311. 您本人居住的房子是否安装了自来水？　　　　　　　311□

1. 是　2. 否

312. 您本人居住的房子是否通电？　　　　　　　　　　　312□

1. 是　2. 否

313. 您本人居住的房子有无卫生厕所？　　　　　　　　　313□

1. 有水冲式厕所　2. 有旱厕　3. 无厕所

314. 您家拥有的生产性工具、交通工具或耐用品有哪些？

	1	2	3	4	5	6	7	8	9	10	11	12	13	14	15	16	17	18	19	20	21	22
314																						

1. 役畜（如牛、马）　2. 农用三轮车　3. 农用四轮车　4. 大中型拖拉机
5. 小型手扶拖拉机　6. 播种机　7. 插秧机　8. 联合收割机
9. 机动脱粒机　10. 农用水泵　11. 农用电动机　12. 电动助力车
13. 摩托车　14. 家用汽车　15. 彩色电视机　16. 电冰箱/柜
17. 洗衣机　18. 热水器　19. 空调　20. 电脑　21. 手机
22. 以上都没有

315. 您家所拥有的手机或电脑是否接入了互联网？（上一题中勾选了20与21选项的回答）　　　　　　　　　　　　　　　　　315□

1. 是　2. 否

316. 您家目前存款总额约为多少？　　　　　　　　　　　316□

1. 无　2. 1~2999元　3. 3000~5999元　4. 6000~8999元　5. 9000元及以上

317. 您家是否得到过政府的小额扶贫贴息贷款？　　　　　317□

1. 是　2. 否

318. 当您需要钱时,是否能从银行或信用社获得贷款? 318□
1. 是　2. 否

319. 近三年,您家从银行或信用社等处获得的贷款总额约为? 319□
1. 无　2. 1~2999元　3. 3000~5999元　4. 6000~8999元　5. 9000元及以上

320. 在进行贷款时,您家会使用哪些抵押品?

	1	2	3	4	5	6	7
320							

1. 没有抵押品　2. 存折、首饰等金融物品　3. 房屋 4. 土地
5. 生产性物资（如拖拉机）　6. 牲畜　7. 其他

321. 您家从前是否有过申请贷款却没有成功的经历? 321□
1. 是　2. 否（跳到323题）

322. 您认为您家申请不到贷款的最主要原因是什么? 322□
1. 手续麻烦　2. 对方不信任自己　3. 无抵押品　4. 无担保人或关系
5. 其他

323. 当您家需要钱时,您家是否从亲朋好友处借到过钱? 323□
1. 是　2. 否

324. 最近三年内,您家从亲朋好友处共借了多少钱? 324□
1. 无　2. 1~2999元　3. 3000~5999元　4. 6000~8999元　5. 9000元及以上

325. 当您家需要钱时,能借到高利贷吗? 325□
1. 是　2. 否

326. 最近三年内,您家借的高利贷共多少钱? 326□
1. 无　2. 1~2999元　3. 3000~5999元　4. 6000~8999元　5. 9000元及以上

327. 最近三年内,您家收到过无偿的补贴、救助或捐款吗? 327□
1. 是　2. 否

328. 最近三年内,您家收到过无偿的补贴、救助或捐款共多少钱?
328□
1. 无　2. 1~2999元　3. 3000~5999元　4. 6000~8999元　5. 9000元及以上

329. 您家成员中是否有村干部? 329□
1. 是　2. 否

330. 您是否加入过下列组织？

A. 专业合作组织（如农民合作社）？	1. 是　2. 否　A□
B. 生产服务组织（如技术协会、种植协会、购销协会）？	1. 是　2. 否　B□
C. 龙头企业（或公司）带动的农户？	1. 是　2. 否　C□

331. 您共加入了_____个以上所述的组织？

332. 请问回答下列表格中的问题并在方框中填写数字或打"√"。

问题＼选项	包括：	
A. 做重要决策时，您主要找谁商量？	1. 家人　2. 亲戚　3. 熟人、朋友　4. 其他人　A1□	A2 共____人
B. 心情不好时，您常常向什么人倾诉？	1. 家人　2. 亲戚　3. 熟人、朋友　4. 其他人　B1□	B2 共____人
C. 急需大笔开支时（如生病、经营），您一般会向什么人求助？	1. 家人　2. 亲戚　3. 熟人、朋友　4. 其他人　C1□	C2 共____人
D. 遇到农业生产困难（如缺人手）时，您一般会向什么人求助？	1. 家人　2. 亲戚　3. 熟人、朋友　4. 其他人　D1□	D2 共____人
E. 生病需要照顾时，您一般会向什么人求助？	1. 家人　2. 亲戚　3. 熟人、朋友　4. 其他人　E1□	E2 共____人

333. 您是否同意以下说法？

	1. 同意	2. 不同意
A. 做重要决策时亲戚、邻居或朋友会为我出主意。		

B. 有高兴或不高兴的事时亲戚、邻居或朋友愿意听我诉说。		
C. 在需要时,我能够得到您亲戚、邻居或朋友的安慰和鼓励。		
D. 亲戚、邻居或朋友能够给我提供非常实际的帮助,如借钱、帮忙、种地等。		
E. 有困难时,我能够从农民合作社、接待机构等社会组织中获得资金、劳动力、物质等帮助。		
F. 有困难时,我能够得到政府的救助和补贴。		
G. 我参加宗教(基督教、天主教……)活动。		
H. 我参加村里的互助协会。		
I. 我经常和亲戚、朋友一起吃饭。		
J. 我经常和亲戚、朋友打电话。		
K. 我经常和邻里在一起进行娱乐活动(如:打牌、麻将等)。		
L. 一般来说,不管是陌生人还是熟悉人都是可信任的。		

第四部分　生计策略

401. 您家目前主要从事哪种生产经营活动?

	1	2	3	4	5	6	7
401							

1. 农作物种植　2. 畜牧养殖　3. 水产养殖　4. 林作物种植
5. 非农打工　6. 家庭经营活动　7. 其他

402. 您家目前都种植了哪些农林作物？

A. 农作物 □ □ □ □ □ 　　　　　1　2　3　4　5	B. 林作物 □ □ □ □ □ 　　　　　1　2　3　4　5
1. 粮食作物（如 11 稻谷，12 小麦，13 玉米，14 高粱，15 谷子，16 大豆，17 马铃薯，18 其他）	1. 果类经济林（如 11 苹果，12 梨，13 猕猴桃，14 核桃，15 板栗，16 红枣，17 其他）
2. 经济作物（如 21 棉花，22 花生，23 油菜，24 芝麻，25 向日葵，26 甘蔗，27 烟叶，28 药材，29 其他）	2. 油料类经济林（如 21 油用牡丹，22 花椒，23 油桐，24 油茶，25 沙棘，26 漆树，27 长柄扁桃，28 仁用杏，29 其他）
3. 蔬菜园艺作物（如 31 蔬菜，32 花卉类，33 其他）	3. 药材类经济林（31 林麝，32 丹参，33 山茱萸，34 绞股蓝，35 天麻，36 猪苓，37 附子，38 其他）
4. 水果、坚果、茶叶和香料作物（41 园林水果，42 果用瓜类，43 坚果，44 茶叶，45 香料作物，46 其他）	4. 用材林（如 41 竹林，42 落叶松，43 杨树，44 泡桐，45 刺槐，46 柏树，47 樟树，48 楠木，49 其他）
5. 其他农作物	5. 其他林作物

403. 您家种的农作物，收入最多的是？

404. 您家种的林作物，收入最多的是？

405. 您家目前养了哪些牲畜、禽类或其他小动物？

	1	2	3	4	5	6	7	8
405								

1. 牛　2. 羊　3. 猪　4. 家禽（鸡、鸭等）　5. 兔　6. 蜂　7. 其他　8. 无

406. 在上述您家养的牲畜、禽类或其他小动物中，收入最多的是_____？

407. 您家目前是否养殖了水产品？　　　　　　　　　　　　407□

1. 是　2. 否

408. 您家里平时的农（林、牧、渔）业生产谁参与得更多？　　408□

1. 女性劳动力　2. 男性劳动力

409. 在您家平时的农（林、牧、渔）业生产中是否经常使用机械化（半机械化）工具？　　409□

1. 总是　2. 经常　3. 偶尔　4. 很少　5. 从不

410. 在您家平时的农（林、牧、渔）业生产中是否经常使用现代农业设施（如大棚、温室、滴灌）？　　410□

1. 总是　2. 经常　3. 偶尔　4. 很少　5. 从不

411. 您家庭成员中目前在外打工的有 a._____人，其中，男性 b._____人，女性 c._____人，主要在 d._____（1. 本镇 2. 本县 3. 外县 4. 外市 5. 外省）务工，平均每月向家中返回多少钱 e._____（1. 无 2. 1～999 元 3. 1000～1999 元 4. 2000～2999 元 5. 3000 元及以上）。

412. 您家目前从事哪些经营活动？

	1	2	3	4	5	6	7	8	9
412									

1. 住宿餐饮（如农家乐）　2. 商业（如街头贩卖、小商店）

3. 交通运输（如货运、客运等）　4. 农产品加工（如碾米、榨油）

5. 工业品加工及手工业（如织渔网）

6. 文教卫生（如医疗服务、托儿所等）　7. 废品收购　8. 其他

9. 无

413. 在上述您所选择的经营活动中_____收入最多？

414. 您最希望继续从事哪项活动　　？414□

1. 农、林、牧、渔业生产　2. 外出务工　3. 投资（如把钱借贷给别人）

4. 家庭经营（如商店、农家乐）　5. 以上都没有

415. 您日常从事的家务劳动包括？

	1	2	3	4	5	6	7
415							

1. 饲养牲畜　2. 做饭、洗衣服、打扫房间　3. 缝补和采买（如买日用品）

4. 照顾孩子　5. 照料老人　6. 其他　7. 无

416. 您目前正在做哪些投资?

	1	2	3	4	5	6	7	8	9	10
416										

1. 储蓄　2. 把钱借贷给别人　3. 房地产（如宅基地出租或置换）
4. 保险　5. 理财产品　6. 股票　7. 基金　8. 各种债券　9. 其他
10. 以上都没有

417. 在上述投资项目中＿＿＿＿＿＿收益最多?

418. 您家中目前有未成年人 a.＿＿＿人，其中，男孩 b.＿＿＿人，女孩 c.＿＿＿人，目前正在接受教育的 d.＿＿＿人。

419. 您家里在供养孩子完成九年义务教育上是否感觉到压力?　419□

1. 压力很大　2. 压力比较大　3. 一般　4. 压力较小　5. 没有压力

420. 过去一年里，您家中用于义务教育的开支共多少钱?　420□

1. 无　2. 1~299 元　3. 300~599 元　4. 600~899 元　5. 900 元及以上

421. 过去一年里，您家中接受的教育资助、补贴共多少钱?　421□

1. 无　2. 1~999 元　2. 1000~1999 元　3. 2000~2999 元　4. 3000~3999 元　5. 4000 元及以上

422. 您的家庭成员未来一年内是否有生孩子的计划?　422□

1. 是　2. 否

第五部分　生计结果

501. 和 2016 年相比，2017 年您的家庭总收入如何变化?　501□

1. 收入明显增加　2. 收入明显减少　3. 收入基本不变

502. 食物安全评价：

A. 您家已经解决温饱问题了吗?	
1. 已经解决　2. 基本解决　3. 还未解决	A□
B. 您和您家人的营养摄入充足吗?	
1. 营养充足　2. 基本充足　3. 不充足	B□

C. 您家是否经常变换食物花样？

    1. 经常 2. 偶尔 3. 从来没有   C□

503. 您过去一周内吃了下列哪些食物？

	1	2	3	4	5	6	7	8
503								

1. 大米、玉米、小麦、马铃薯、木薯 2. 豆类、豆制品 3. 坚果

4. 蔬菜 5. 水果 6. 猪肉、牛肉、羊肉、禽肉和水产品

7. 牛奶及各种奶制品 8. 食糖

504. 您对家里目前的生活状况满意吗？   504□

1. 非常满意 2. 比较满意 3. 一般 4. 比较不满意 5. 非常不满意

505. 在过去的一年中家里买化肥_____公斤、农药_____公斤、农家肥_____公斤。

506. 您家如何处理农作物秸秆？   505□

1. 焚烧 2. 丢弃 3. 卖掉 4. 其他

507. 在过去的一年中您的家庭共使用柴火_____公斤。

第六部分 政策制度

601. 您是否了解与扶贫相关的技术指导或农副业生产的帮扶措施？

                                                                             601□

1. 完全不了解 2. 不了解 3. 说不清 4. 了解 5. 非常了解

602. 您是否得到过扶贫相关的技术指导或农副业生产的帮扶措施？

                                                                             602□

1. 是 2. 否

603. 您认为这些指导或帮扶有帮助吗？   603□

1. 没有帮助 2. 帮助较小 3. 一般 4. 帮助比较大 5. 帮助很大

604. 您是否了解政府提供的农业生产或外出打工的技能培训？ 604□

1. 完全不了解 2. 不了解 3. 说不清 4. 了解 5. 非常了解

605. 您是否接受过政府提供的农业生产或外出打工的技能培训？

                                                                             605□

1. 是　2. 否

606. 您认为这些培训有帮助吗？　　　　　　　　　　　606□

1. 没有帮助　2. 帮助较小　3. 一般　4. 帮助比较大　5. 帮助很大

607. 您家是否为易地搬迁户？　　　　　　　　　　　　607□

1. 是　2. 否（跳到612）

608. 您家搬迁的原因是？　　　　　　　　　　　　　　608□

1. 扶贫搬迁　2. 生态搬迁　3. 工程搬迁　4. 减灾搬迁

609. 易地搬迁后您家的收入水平有提高吗？　　　　　　609□

1. 是　2. 否

610. 易地扶贫搬迁后您家主要的收入来源为？　　　　　610□

1. 务工　2. 务农　3. 政府提供的生活保障性资金　4. 其他

611. 您对现在易地扶贫搬迁满意吗？　　　　　　　　　611□

1. 很不满意　2. 不满意　3. 说不清　4. 满意　5. 很满意

612. 下表列出了一些可能与您有关的制度或政策，请根据实际情况回答问题。

	A. 您是否知道该制度（政策）？	B. 您是否参与或享受该制度（政策）？	C. 该制度（政策）的执行和实施情况，您是否满意？
1. 农村居民最低生活保障	1. 没听说 2. 听说但不清楚 3. 听说并了解	1. 是 2. 否	1. 不满意 2. 说不清 3. 满意
2. 新型农村合作医疗	1. 没听说 2. 听说但不清楚 3. 听说并了解	1. 是 2. 否	1. 不满意 2. 说不清 3. 满意
3. 新型农村社会养老保险	1. 没听说 2. 听说但不清楚 3. 听说并了解	1. 是 2. 否	1. 不满意 2. 说不清 3. 满意

4. 土地流转政策	1. 没听说 2. 听说但不清楚 3. 听说并了解	1. 是 2. 否	1. 不满意 2. 说不清 3. 满意
5. 农业保险保费补贴	1. 没听说 2. 听说但不清楚 3. 听说并了解	1. 是 2. 否	1. 不满意 2. 说不清 3. 满意
6. 子女义务教育补贴	1. 没听说 2. 听说但不清楚 3. 听说并了解	1. 是 2. 否	1. 不满意 2. 说不清 3. 满意
7. 农村危房改造补贴	1. 没听说 2. 听说但不清楚 3. 听说并了解	1. 是 2. 否	1. 不满意 2. 说不清 3. 满意
8. 退耕还林还草补偿	1. 没听说 2. 听说但不清楚 3. 听说并了解	1. 是 2. 否	1. 不满意 2. 说不清 3. 满意
9. 残疾人补贴	1. 没听说 2. 听说但不清楚 3. 听说并了解	1. 是 2. 否	1. 不满意 2. 说不清 3. 满意

后　记

小康不小康，关键看老乡。脱贫攻坚是全面建成小康社会的底线任务。党的十八大以来，通过坚持不懈的反贫困实践，中国在2020年成功消除了现有标准下的绝对贫困。2021年7月1日，习近平总书记在庆祝中国共产党成立100周年大会上庄严宣告，我们在中华大地上全面建成了小康社会，胜利实现第一个百年奋斗目标。中国的减贫规模和速度在全球绝无仅有，引起了世界各国的普遍关注。在回顾和总结这场伟大历史变革的时候，农户特别是脱贫农户生计变化的微观分析是一个重要视角。见微知著，它不仅能够反映全面小康的成效和质量，还对促进乡村全面振兴和实现共同富裕有重大现实意义。

在国家社会科学基金一般项目"西部地区农村脱贫人口可持续生计研究"（项目号：17BRK003）的资助下，课题组在归纳已有关于农村脱贫人口生计策略及生计结果相关研究的基础上，构建了农村脱贫人口可持续生计分析框架。同时利用2018年在陕西全省进行的农村脱贫人口可持续生计调查数据，对西部地区农村脱贫人口的生计策略和生计结果现状进行了全面描述和分析，深入研究了脆弱性环境、生计资本和政策认知对农村脱贫人口生计策略的影响以及生计策略对农村脱贫人口生计结果的影响等问题，并提出了相应的政策建议。

本书正是在上述研究活动的基础上修订而成的，是集体智慧的结晶。全书总体框架及调查设计由罗丞负责，调查问卷设计及具体执行由王粤负责，西安交通大学团委2018年暑期社会实践团的同学们参与了问卷调查和数据收集整理，罗丞、李蕊、王粤、隋昌迪负责全书初稿相关章节的撰写，罗丞和李蕊负责全书的统稿、修改和定稿。西安交通大学柳江华副教授和杜军峰副教授对本书的研究工作给予了积极的帮助，陕西省相关县区乡村振兴局（扶贫开发办公室）对本书的调查工作给予了大力支持和积极配合，责任编辑赵娜对本书的修改和完善提出了宝贵意见，作者在此一并致以衷心的谢意！

本书是一部学术专著，但我们希望它不仅仅是一部学术专著。书稿付梓之际，恰逢乡村振兴全面开展、深入推进之时，希望通过我们的研究，能够让边缘地区和脱贫人口进入社会公众和政府的视野，成为巩固拓展脱贫攻坚成果同乡村振兴有效衔接的关注点和突破口，推动相关政策的出台和落实，通过政策创新和制度变革，提升农村脱贫人口的生计能力，真正实现全面乡村振兴。

由于作者水平有限，书中难免有不妥和疏漏之处，恳请广大读者不吝赐教，批评指正。

作　者

2022 年 4 月于西安

图书在版编目（CIP）数据

艰辛与转变：西部地区农村脱贫人口的可持续生计/罗丞，李蕊，王粤著. --北京：社会科学文献出版社，2023.5

ISBN 978-7-5228-1839-9

Ⅰ.①艰… Ⅱ.①罗… ②李… ③王… Ⅲ.①农村-扶贫-研究-中国 Ⅳ.①F323.8

中国国家版本馆 CIP 数据核字（2023）第 093118 号

艰辛与转变：西部地区农村脱贫人口的可持续生计

著　　者 / 罗　丞　李　蕊　王　粤
出 版 人 / 王利民
责任编辑 / 赵　娜
文稿编辑 / 马云馨
责任印制 / 王京美

出　　版 / 社会科学文献出版社·群学出版分社（010）59367002
地址：北京市北三环中路甲 29 号院华龙大厦　邮编：100029
网址：www.ssap.com.cn
发　　行 / 社会科学文献出版社（010）59367028
印　　装 / 三河市尚艺印装有限公司

规　　格 / 开　本：787mm×1092mm　1/16
印　张：12.5　字　数：200 千字
版　　次 / 2023 年 5 月第 1 版　2023 年 5 月第 1 次印刷
书　　号 / ISBN 978-7-5228-1839-9
定　　价 / 89.00 元

读者服务电话 4008918866

版权所有 翻印必究